맥아더의 기도로
자녀를 축복하는 기도문

이 책을 통하여 믿음의
자녀로 성장할 수 있도록
간절히 축복하는 마음으로

_____님께
이 소중한 책자를 드립니다.

머리말

사람을 찾으시는 하나님

성경 역사에 등장하고 있는 위대한 하나님의 종들은 그들이 어떤 삶을 살았든지 한 결 같이 하나님의 부르심에 응답하였다. 그들은 기꺼이 하나님께 자신을 드렸다.

하나님께서는 한 사람을 부르신다. 그렇다, 하나님께서는 한 사람 모세를 부르셨다. 그리고 그 부르심에 응답한 모세로 말미암아 이스라엘 백성의 출애굽과 광야의 여행이 이루어졌다. 하나님의 부르심에 응답한 이들에 의하여 하나님의 역사가 이루어 졌고 앞으로도 그렇게 될 것이다.

우리가 그렇게 살았던 것처럼, 우리의 자녀들도 하나님께서 원하시는 삶을 살아야만 한다. 우리는 자신의 믿음을 자녀들에게 물려줌에 힘써야 한다. 물질(재물)이나 명예보다 믿음을 물려주어야 한다.

장군 맥아더가 아들을 생각하면서 기도를 하게 된 동기가 있다. 그가 자녀에게 보여준 모습은 언제나 제복을 입은 장군이었다. 사실, 전쟁터에서의 시간은 목숨을 대가로 지불해야만 하였다. 그래서 자녀에게 비쳐진 그의 모습에서는 아버지의 인자함을 보여줄 수 없었다.

그에게 하나님의 영이 임하여 자녀를 위해 기도하도록 하셨다. 포탄이 쏟아지는, 위기일발의 시간에 하나님께서 그에게 아들을 위하여 간구하도록 하신 것이다.

그때, 그는 아들이 아버지를 떠올리게 될 때, 전쟁터에서 전투를 지휘하는 아버지가 아닌, 사랑하는 아들과 함께 하늘에 계신 아버지를 부르며 기도를 하고 있던 아버지를 기억해주길 바라는 마음이 간절하여 짧지만 한 마디, 한 마디를 간구해 나갔다.

그의 간구는 자녀를 위하여 기도해야 될 이 땅의 모든 아버지들의 입속에 넣어주시는 하나님의 기도였다. 맥아더의 기도는 하나님의 기도였다. 이제, 자녀가 여호와 앞에서 복스러운 인생이 되기를 원하는 부모들에게 기도문을 선사한다.

맥아더가 자기의 자녀를 위해 간구했던 기도에 우리도 동참한다면, 우리의 자녀를 하나님 앞에서 지켜주실 것이다. 맥아더가 자녀를 위해 간구했던 내용으로 31일 동안 기도하도록 하였다.

이 기도문을 응용해서 반복하여 간구한다면 자녀의 생애는 여호와의 인도를 받을 것이다. 여기에 제시된 기도문에 따라 자녀를 위해 무릎을 꿇는 부모들을 축복한다.

주후 2022년 5월
한 치 호 목사

아버지의 기도

주여, 내 아이가 이런 사람이 되게 하소서.
약할 때 스스로를 분별할 수 있는 힘과
두려워질 때 자신감을 잃지 않는 대담성을 가지고
정직한 패배에 당당하고 부끄러워하지 아니하며,
승리의 때에 겸손하고 온유한 사람이 되게 하소서.
노력 없이 대가를 바라지 않게 하시고
주님을 섬기며 아는 것이 지혜의 근본임을 깨닫게 하소서.

바라옵건대, 그를 요행과 안락의 길로 인도하지 마옵시고,
자극받아 분발하게 고난과 도전의 길로 이끄소서.
폭풍우 속에서도 용감히 싸울 줄 알고
패자를 불쌍히 여길 줄 알도록 하여 주소서.

내 아이가 이런 사람이 되게 하소서.
마음이 깨끗하고 높은 이상을 품은 사람,
남을 다스리기 전에 자신을 다스리는 사람,
미래를 향해 전진하면서도
과거를 결코 잊지 않는 사람이 되게 하소서.

이에 더하여 유머를 알게 하시어
인생을 엄숙히 살아가면서도,
삶을 즐길 줄 아는 마음과
자기 자신을 너무 드러내지 않고
겸손한 마음을 갖게 하소서.
또한 참으로 위대한 것은 소박함에 있음과
참된 힘은 너그러움에 있다는 것을
항상 명심하도록 하소서.
그리하여 그의 아버지인 저도
헛된 인생을 살지 않았노라고
나직이 고백할 수 있도록 하소서.

A Father's Prayer

–General Douglas MacArthur

Build me a son, O Lord, who will be strong enough
To know when he is weak and brave enough to face himself
when he is afraid;
One who will be proud and unbending in honest defeat,
And humble, and gentle in victory.

Build me a son whose wishes will not take the place of deeds;
A son who will know Thee–and that to know himself is the
foundation stone of knowledge.
Lead him, I pray, not in the path of ease and comfort, but
under the stress and spur of difficulties and challenge.
Here, let him learn to stand up in the storm; here let him learn
compassion for those that fail.

Build me a son whose heart will be clear, whose goal will be
high, a son who will master himself before he seeks to master

other men, one who will reach into the future, yet never forget the past.

And after all these things are his, add, I pray, enough of a sense of humor, so that he may always be serious, yet never take himself too seriously.
Give him humility, so that he may always remember the simplicity of true greatness, the open mind of true wisdom, and the meekness of true strength.
Then I, his father, will dare to whisper, "I have not lived in vain."

* 이 기도문은 태평양 전쟁 당시, 아들에게 영적인 유산으로 물려주기 위하여 기록한 것이다. 이것은 1964년에 그가 이 땅에서의 삶을 마감한 다음에야 대중에게 알려졌다.

Contents_차례

머리말 _5

아버지의 기도-전문 _6
아버지의 기도-영문 _8
맥아더, 하나님께 붙들린 장군 _12
자녀를 하나님께 드려라 _14

1일 주여, 내 아이가 이런 사람으로 _18
2일 스스로를 분별할 수 있는 힘 _22
3일 자신감을 잃지 않는 대담성 _26
4일 정직한 패배에 당당함 _30
5일 부끄러운 행실을 버림 _34
6일 승리를 얻었을 때에 겸손함 _38
7일 온유한 사람으로 자기를 세움 _42
8일 노력 없이 대가를 바라지 않음 _46
9일 지혜의 근본을 깨달음 _50
10일 요행의 길을 바라지 않음 _54
11일 안락의 길을 바라지 않음 _58
12일 자극을 받아 분발하기를 원함 _62

13일 고난의 길에서 인도되기를 _66
14일 도전정신으로 전진하기를 _70
15일 폭풍우 속에서도 용감하게 _74
16일 패자를 불쌍히 여기는 가슴 _78
17일 이런 사람으로 자라기를 원함 _82
18일 자신의 마음이 깨끗한 자녀 _86
19일 높은 이상을 품은 자녀 _90
20일 자기 자신을 먼저 다스리는 자녀 _94
21일 미래를 향해 전진하는 자녀 _98
22일 과거를 결코 잊지 않는 자녀 _102
23일 웃음을 줄 수 있는 사람 _106
24일 인생을 엄숙히 살아가는 자세 _110
25일 삶을 즐길 줄 아는 마음 _114
26일 자기 자신을 너무 드러내지 않음 _118
27일 겸손한 마음으로 남들을 대함 _122
28일 소박함의 위대함을 아는 지혜 _126
29일 관용에 있는 힘을 아는 지혜 _130
30일 헛된 인생을 살지 않는 아버지 _134
31일 고백할 것이 있는 아버지 _138
참고 문헌 _142

맥아더, 하나님께 붙들린 장군

미국의 군인이면서, 금세기 최고의 명장이라 불리는 더글러스 맥아더(Douglas MacArthur) 장군은 20세기 미국에서 군사적 성공을 성취한 인물이다. 그는 하나님 앞에서 거룩한 군인이 되어 전투 때 헬멧과 가스 마스크를 쓰지 않을 만큼 늘 용감함을 보였다. 그는 제 1차 세계대전과 제 2차 세계대전을 모두 승리로 이끌며 최고의 훈장이라는 은성 무공훈장도 수차례 받고, 미국의 육군 역사에 큰 획을 그은 5성 장군이다.

맥아더는 그가 군인으로서 출중했던 만큼 하나님 앞에서는 정직한 학생이기를 원하였다. 그래서 자신을 하나님의 말씀으로 세워나가기를 소망하였다. 그가 남긴, "실제로 나는 아무리 피곤해도 성경을 읽지 않고 밤을 보내거나 잠을 잔 적이 없다"는 고백은 명언이 되었다. 우리에게 있어서 맥아더 장군은 나라를 구해준 의인이다.

그는 일본을 전쟁에서 패망시켜 우리나라에 광복을 안겨 주었다. 한국전쟁 때는 UN군 최고사령관으로 부임하였다. 한국전쟁 당시 인천 상륙작전은 워싱턴 등 군부의 반대에도 불구하고 전투를 성공적으로 지휘, 전쟁의 양상을 뒤바꿔 놓았다. 인천 상륙작전을 성공시켜 공산화 위기에 처했던 한국을 구해주었다.

그가 쌓은 전쟁의 업적은 그 자체로도 칭송의 대상이 되지만 그가 살아온 삶의 모습은 어떻게 그런 성과를 거두었는지를 말해 준다. 그는 일생을 전쟁터에서 보내면서 지략과 대담성이 뛰어난 군인의 삶을 살아왔다. 그는 작전 때마다 선두에서 부하들에게 대담하게 전진하라면서 쉬지 않고 명령하곤 하였다.

더글러스 맥아더 장군은 하나님의 나라가 이 땅에 임하는데 승리의 목적을 두었다. 한국전 당시 치열한 시가전 끝에 탈환한 수도 서울을 당시의 이승만 대통령에게 이양하는 식전에서 연설문을 낭독한 후 주기도문을 암송한 것은 유명한 예화다. 또한 맥아더 장군은 훌륭한 장군이기 이전에 훌륭한 아버지였다. 그는 자식을 사랑하는 아버지의 마음을 담아 '자녀를 위한 기도문'을 남겼다.

* 자녀를 하나님께 드려라

　자녀를 하나님께 드린다고 기도한 시간이 있었는가?
　진실로 아이를 하나님께 드렸는가?
　드려야 한다. 하나님께서 아이의 주인이 되시기에 그를 필요로 하시는 것이다. 부모를 복 되게 하셔서 그들에게 아이를 주신 하나님께서는 아이의 평생을 받고자 하신다. 하나님께서는 단 한 명의 아이도 내버려 두시지 않으신다.
　그리스도인 부모들은 자녀들을 하나님께 드리는 것에 대하여 특권처럼 여겨야 한다. 그들은 우리의 것이 아니다. 그들의 생명은 하나님께 달려 있다. 하나님께서는 부모에게 그들을 기르도록 나에게 맡기셨을 뿐이다.

　우리가 기도할 때, 하늘 보좌에 계신 하나님께서 우리의 자녀들을 구해주신다는 확신과 소망이 가슴을 뜨겁게 한다면 기도를 놓칠 수가 없다.
　사람들이 아기를 예수님께 데려왔을 때, 그들은 다른 일들은 제쳐놓았을 것이다. 그들에게는 예수님께 대한 소망과 자녀에게 축복을 받도록 하겠다는 사랑이 가슴을 뜨겁게 하여 예수님을 찾아온 것이다. 부모의 기도에 하나님은 자녀를 만드신다.

우리가 간구하면 하나님은 들으시고, 기적을 만드셔서 자녀들에게 응답하실 것이다. 지금, 자녀에게는 부모의 기도가 절실히 필요하다.

그에게는 부모가 자신을 사랑한다는 열 마디, 백 마디, 천 마디의 말보다 1분이라도 자기의 이름을 부르며 기도해 주는 것이 필요하다. 하나님께서는 자녀를 도와주실 준비를 끝내셨다. 그리고 부모가 그를 축복하는 기도를 기다리고 계신다. 부모가 무릎을 드려 간구하기만 한다면 응답하실 것이다.

유대인의 부모들은 가정에서 자녀를 축복하는 노래를 부른다. 아버지가 자녀들에게 '안식일 기도'라는 제목의 노래를 불러준다. 이 노래는 곡을 붙여서 아버지가 자녀들을 축복하는 기도이다.

"주께서 너희를 보호하고 지키시며
주께서 항상 너희를 수치로부터 보호하며
이스라엘의 찬란히 빛나는 이름에 이르게 하시기를
원하노라
룻과 에스더 같이 되기를 원하며
찬양받게 되기를 원하노라.
오 주님, 이들에게 힘을 주시고,
낯선 자의 길에서 지켜 주시옵소서.

하나님께서 너희를 축복하사 장수하게 하시며,
주께서 너희를 위한 안식일 기도를 충만케 하시기를 비노라.
하나님께서 너희를 훌륭한 어머니와 아내로 만드시고
너희를 돌볼 수 있는 남편을 보내시기를 원하노라.
주께서 너희를 보살피고 지키시며
고통에서 보존하시기를 원하노라.
오 주여, 행복과 평강의 은총을 내리시며
우리들의 안식일 기도를 들어주소서." 아멘.

유대인의 가정에서 자녀들은 그 노래를 들으면서 하나님께 복 있는 자로 살아갈 것을 격려받았다. 그러한 삶이 바로 자녀를 하나님께 드리는 것이다.

하나님께서는 지금도 자녀를 사랑하여 간구하는 나의 음성을 불쌍히 여기신다. 그래서 때로는 우리가 바라는 것보다 더 많이 우리의 소원대로 이루어 주신다. 나아가서 더욱 큰 선물을 주시는데, 자녀를 기도의 사람으로 만들어 주신다는 사실이다.

모든 자녀들은 부모를 보면서 자라간다. 기도하는 부모를 본 자녀는 그 모습을 보고 배우며 따라서 하게 된다. 부모는 말을 하지만, 아이들은 부모의 행동을 본다. 맥아더의 기도를 가지고 자녀를 축복하는 시간을 누려보자.

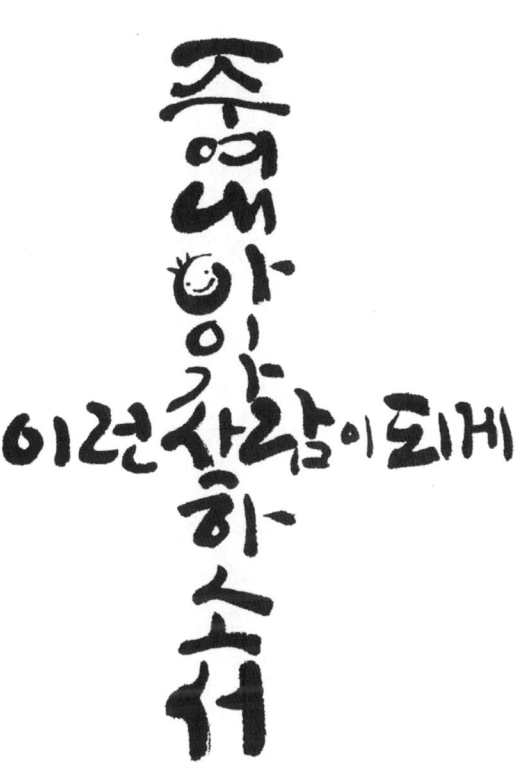

1일   주여, 내 아이가 이런 사람으로

삿 13:12,
마노아가 이르되 이제 당신의 말씀대로 되기를 원하나이다 이 아이를 어떻게 기르며 우리가 그에게 어떻게 행하리이까

　하나님께서는 맥아더에게 은혜를 베푸셔서 그를 천국 시민으로 삼아주셨다. 이 땅에서의 그의 삶은 군인이면서 성도로 하나님의 백성 된 모습을 보여주었다.
　그리하여 그는 평생의 삶을 공산주의를 배격하는데 힘을 다하였고, 하나님의 나라를 확장하는 삶에 인생의 사명을 걸고 지내었다. 하나님께 대적하는 것과 싸워서 물리치는 것을 자신의 사명으로 여겼다.
　그는 자신이 하나님의 사람으로 살아가기를 주목했던 것처럼, 하나님께서 자신에게 주신 자녀도 그러하기를 원하여 기도를 시작하였다. 그는 자녀가 하나님의 사람으로 살아가는 모습에서 하나님의 나라를 보았던 것이다.

　맥아더의 자녀를 축복하는 기도는 전문이 27개의 구절로 드려졌는데, 그가 간구하는 내용의 전체적인 흐름은 '하나님의 사람'으로 살아가도록 은혜를 구하는 것이었다. 사람들은 생각하기를 자신이 마음을 먹고, 자신이 인생에 대한 계획을 세우면 그렇게 된다고 여긴다. 그렇지만 맥아더는 달랐다. 그는 자신이 살아온 인생의 시간에서 하나님의 은총을 체험하였다. 그리고 하나님의 은혜가 자기를 하나님께 속한 사람으로 살아가도록 한다는 비밀을 깨달았다. 그래서 그의 간구는 자녀에게 하나님의 은총이 있기를 빈 것이다. 하나님의 사람은 하나님께서 이끌어 주신다. 사람은 자신의 기도나 노력으로 하나님이 사람이 될 수 없다. 오직 하나님께서 은혜를 내려 주셔야 하나님의 사람으로 지내게 된다. 이러한 그의 간구는 '마노아의 기도'로 우리를 이끌어 준다.

맥아더가 자녀를 축복하면서 비는 첫마디,
"주여, 내 아이가 이런 사람이 되게 하소서."는
우리를 자연스럽게 마노아의 간구로 이끌어 준다.
-"이 아이를 어떻게 기르며 우리가 그에게 어떻게 행하리이까?" (삿 13:12하)

하나님께서 자녀를 주심은 하나님의 계획과 섭리이다. 여호와의 사자가 마노아의 아내에게 나타나서, "네가 본래 잉태하지 못하므로 생산치 못하였으나 이제 잉태하여 아들을 낳으리니"라고 한 데서 하나님의 섭리를 주목하게 된다.

자녀는 부모에게 기도하게 한다. 맥아더가 자녀를 보면서 하나님의 마음에 합한 사람이 되기를 소망한 것은 경건한 아버지가 취해야 하는 가장 거룩한 도전이었다. 우리는 자녀가 여호와 앞에서 복 된 사람으로 성장하기를 원하는 그대로 그가 하나님께 인정을 받을 사람으로 자라기를 간구해야 한다.

하나님 아버지,

마노아가 태어날 아이를 위하여 간구했던 것을 저의 입속에 담아 주시니 감사합니다. 그를 따라서 "이 아이를 어떻게 기르며 우리가 그에게 어떻게 행하리이까"라고 여쭙게 하시니 감격스럽습니다. 저희 가정에 주신 자녀도 육신적으로는 저희 부부의 몸을 가졌으나 영적으로는 하나님의 자녀라고 믿습니다. 이에, 저희도 마노아의 기도를 드리게 하시옵소서.

하나님 앞에서 아이를 키우려 하오니 _____(이)에게 무엇을 가르치며, 그가 하나님 앞에서 가져야 될 생활방식이 무엇인지를 깨닫게 하시옵소서. 그리하여 저희 부부가 하나님께서 이끌어 주시는 대로 자녀를 키우게 하시옵소서.

인생에 대하여 계획을 갖고 계시며, 하나님께서 예정하신 대로 인생을 인도하신다고 믿습니다. _____(이)가 하나님께 어떤 사람의 모습을 가져야 하는지를 부모가 된 저희들이 알기를 원합니다. 그리하여 하나님의 뜻을 이루어드리는 인생이 되도록 키우게 하시옵소서.

자비로우신 하나님,

저희에게 축복할 수 있는 자녀를 주셨음에 감사드립니다. 주님의 이름으로 축복하니 _____(이)에게 복을 내려 주시옵소서.

이 시간에, 맥아더에게 주셨던 자녀를 위한 마음을 제게도 주셨음에 감사드립니다. 하나님의 은혜를 소망하며, _____(이)

도 맥아더의 자녀만큼 자라게 해 주심을 믿습니다.
　_____(이)를 위한 첫 간구로 복을 비오니, 여호와께 복 되다 인정을 받는 인생이 되게 하시옵소서. 먼저, _____가 하나님 앞에서 복을 받는 인생이 되게 하시옵소서.
　부모로서 여호와 앞에서 _____(이)를 향하여 소원을 갖게 하셨음도 감사드립니다. 지금까지 저희 가정에 은혜를 주시고, _____에게 하나님을 섬기게 하셨음에 감사드립니다.
　오늘, _____에게 여호와의 이름을 부르면서 무릎을 꿇는 은혜를 주시옵소서. 하나님의 이름을 부를 때, 오늘을 살아가는 용기와 힘을 얻음을 잊지 말게 하시옵소서.
　_____가 영원한 주권과 권세, 그리고 영원한 통치권을 갖고 계시는 하나님의 이름을 부르기 원합니다. 오늘도 그의 머리를 들고 하늘을 바라보게 하시옵소서.

　나의 힘이 되어주시는 하나님,
　　여호와를 의지하는 _____에게 삶의 복을 주시옵소서.
　　　그의 하루하루가 형통하여 여호와의 도우심이 있음을 깨닫게 하시옵소서. 하나님께서 그에게 약속하신 것을 주신다는 확신으로 살게 하시옵소서.
-"이는 하나님의 사람으로 온전하게 하며 모든 선한 일을 행할 능력을 갖추게 하려 함이라"(딤후 3:17)
예수님의 이름으로 기도드립니다. 아멘.

2일 스스로를 분별할 수 있는 힘

**시 125:1,
여호와를 의지하는 자는 시온 산이 흔들리지 아니하고 영원히 있음 같도다**

 지휘관으로서 전쟁터에서의 맥아더는 늘 긴장의 연속이었다. 그에게는 전쟁에 임할 때, 절대 단어를 자신의 가슴에 명령하였다. 그것은 '이 전투에서 적을 무찌르고 이겨야 한다'는 것이었다. 그에게 전투는 곧 승전이었다. 무엇을 의미하는가?
 장군 맥아더는 전투에 임할 때마다 승전의 소식을 고국에 전하였다. 그가 이렇게 이길 수 있었던 것은 바로 올바른 판단에 있었다. 맥아더는 어떤 경우에도 흔들리지 않고, 상황을 똑바로 보는 지각을 갖고 있어야 했다. 지휘관의 판단은 전투에 대한 승패를 가름하는 것이다.

 그는 하나님께서 주신 지각을 자녀도 갖기를 원하였다. 그리하여 맥아더는 자기의 자녀가 어려움에 부딪쳤을 때, 흔들리지 않고, 상황을 똑바로 보는 지각이 있기를 간구하였다. 자신의 본분을 아는 사람은 어떤 경우에도 흔들리거나 실수를 하지 않는다. 그의 중심을 하나님께서 붙잡고 계시기 때문이다.
-"시온 산이 흔들리지 아니하고 영원히 있음 같도다."(시 125:1)
 하나님은 자기 백성을 요동되지 않도록 하시고, 두루 감싸며 지키실 것이다. 바다는 풍랑으로 말미암아 때때로 요동하지만,

산은 거센 바람이나 폭우에도 요동하지 않는다. 어제나 오늘이나 변함이 없이 서 있다. 그와 같이 하나님을 믿고 의지하는 자는 요동함이 없을 것이다.

    하나님께서는 자기 백성을 영원히 감싸며 보호하신다. 의인으로 낙심하거나 범죄 하지 않도록 악인의 권세가 의인의 땅에 미치지 못하게 섭리하신다. 그리하여 하나님의 평강을 누리게 된다. 하나님의 백성이라는 의미는 하나님을 누린다는 것이다. 하나님을 누림을 경험하지 못하면서 하나님의 백성이라는 것은 거짓말이다. 그는 자기를 위해서 하나님을 믿으려 하는 것에 지나지 않는다. 신앙은 삶이지 자신의 생각이나 의지의 행동이 아니다.

    하나님께서는 맥아더의 자녀가 악한 경우에 부딪쳤을 때, 흔들리지 않기를 바라시고, 맥아더에게 그렇게 간구하도록 하셨다. 그 은혜는 오늘, 우리에게도 똑 같이 필요하다. 자녀가 죄를 짓지 않고, 오히려 불의함을 분별해서 거절해야 할 것이다.

    악한 것을 악하다 분별하고, 악한 것을 따르지 않는 은혜가 우리 자녀를 호위하도록 기도하자. 자녀가 악인의 죄를 바로 볼 수 있는 지혜를 구하자. 그리하여 그가 하나님의 나라를 경험하도록 하자. 하나님께서는 부모의 입술로 자녀를 위하여 간구하도록 하신다. 자녀를 지켜 주시기 원하시는 하나님께 마음을 드리자.

하나님 아버지,

다윗을 사랑하시고, 지켜주셨던 하나님의 경험을 그의 고백으로 받게 하시니 감사합니다. 오늘, 저희 가정을 위한 축복의 메시지로 나눕니다. 다윗의 하나님은 저희들의 하나님이십니다.

하나님은 예루살렘 성에 거하시며 자기를 신뢰하는 경건한 성도들의 피난처가 되어 주셨습니다. 그러니, 다윗은 하나님을 의뢰하는 자들에게 예루살렘은 가장 안전한 피난처가 될 것이라고 확신했음을 믿습니다.

이 고백은 여호와를 의지하는 사람의 견고함에 대한 중언이라고 깨닫습니다. 하나님은 자기를 의뢰하는 자들을 굳게 붙들어 주십니다. 시온에 거하는 여호와를 의지하는 성도는 유혹과 시련 속에서도 시온산과 같이 굳게 서있을 것입니다.

오늘, 하나님을 의지한다는 고백을 드리게 하시옵소서. 하나님의 성산이 늘 그 자리에 있었던 것처럼 그 은혜를 저희들의 것으로 삼게 하시옵소서. 어쩌다가 죄를 범할지라도 회개하면 용서해 주시고, 다시 붙들어 주심을 믿습니다. 저희 부부와 자녀에게 흔들리지 않도록 함께 하시옵소서.

사랑의 하나님,
_____(이)에게 오늘, 분별의 영으로 충만하기를 축복합니다. 하나님께서 사랑하시는 _____(이)가 여호와 앞에서 온전하게 세워지도록 하나님에 대하여, 세상에 대하여 분별할 수 있는

능력을 주시옵소서. 사랑하는 _____에게 성령님의 가르치심에 민감하여 지각에 뛰어나게 하시옵소서. 하나님께서 주시는 지식으로 말미암아 명철함을 보이게 하시며, _____가 자신을 바로 지키게 하시옵소서. 맥아더의 자녀에게 분별의 영이 함께 했던 사실을 사모합니다.

오늘, 그 은혜로 _____(이)를 세워주시고, 불의한 일을 볼 때, 거룩함을 분별하게 하시옵소서. 죄악으로 어두워진 세상에서는 진리가 아닌 것들이 진리인양 가면을 쓰고 _____에게 미혹하려 할 때, 성령님께서 넘어지지 않도록 붙들어 주시옵소서.

_____가 스스로의 욕심에 빠져 어둠의 길에 들어서지도 않게 하시옵소서. 하나님의 자녀 _____가 오늘을 위해 간구할 때, 그가 살아가는 여러 행동들로 인하여 나라와 권세와 영광을 하나님께 돌리는 고백이 되게 하시옵소서.

세워 주시는 하나님,

이 시간에 바라옵기는 _____에게 "주는 높으사 만유의 머리심이니이다"라는 기도의 은혜를 주시옵소서. 홀로 하나이신 하나님께 존귀와 영광을 드리게 하시옵소서.

"여호와를 경외함이 지혜의 근본이라 그의 계명을 지키는 자는 다 훌륭한 지각을 가진 자이니 여호와를 찬양함이 영원히 계속되리로다"(시 111:10)

예수님의 이름으로 기도드립니다. 아멘.

3일   자신감을 잃지 않는 대담성

사 41:10,
두려워하지 말라 내가 너와 함께 함이라 놀라지 말라 나는 네 하나님이 됨이라 내가 너를 굳세게 하리라 참으로 너를 도와 주리라 참으로 나의 의로운 오른손으로 너를 붙들리라

    인간 맥아더는 여리고, 여린 사람이었다. 육군사관학교 생도 시절에 그는 날마다 밀려오는 두려움과 싸워야 하였다. 그는 그러한 연약함에서 하나님의 보호와 인도하심을 구하였다.
    그렇지만 군인의 제복을 입으면 두려움은 사라지고 자신감이 넘쳐흘렀다. 그것은 하나님께서 주신 용맹이었다. 더욱이 전쟁터에서 적군의 쏟아지는 총탄을 두려워하지 않고, 부하들을 이끌었다.
    그가 적을 물리칠 수 있는 비결은 두려움의 극복에 있었다. 하나님께서 보호해 주신다는 확신은 그에게 어떤 상황에서도 적을 향해서 진격하도록 해주었다. 인간 맥아더에게는 두려움이 많았지만 하나님이 사람 맥아더는 담대한 군인이었다.

    자신이 두려움을 극복했던 것처럼 맥아더는 사랑하는 자녀가 두려움에 빠지게 될 때, 하나님의 보호하심을 신뢰하기 원하여 자신감을 잃지 않기를 간구하였다.
    그는 보잘것없는 가치를 가진 참새 한 마리도 하나님께서 허락지 아니하시면 땅에 떨어지지 않을 것을 믿고, 간구한 것이다. 하나님의 자녀는 아버지께서 그 머리털까지도 다 세신 바 되었

고 참새보다 귀하기에 두려워 말라고 하였다.

하나님께서 약속하셨다.

-"그러나 무릇 여호와를 의지하며 여호와를 의뢰하는 그 사람은 복을 받을 것이라"(렘 17:7)

하나님은 어떤 분이신가?

인생에게 복의 근원이시다. 그러므로 예레미야는 지금, 여호와를 의지함을 말하고, 여호와를 의뢰함에 대하여 증언한다. 그는 물가에 심겨진 나무가 그 뿌리를 강변에 뻗치고 더위가 올지라도 두려워 아니하며 그 잎이 늘 푸르고 가뭄이 들 때에도 걱정이 없고 항상 열매를 맺는 것과 같을 것이다.

하나님을 의지하여, 믿음으로 살고 순종으로 사는 자에게 주시는 하나님의 은총은 복된 삶과 승리적 삶을 살아가도록 하며, 선한 열매를 많이 맺게 된다. 그는 더위와 가뭄을 이길 것이다. 그는 모든 환난과 핍박을 이길 것이다. 그래서 주변의 사람들은 그에게 말하기를, 행복자라고 부르게 된다.

하나님의 백성은 오직 믿음으로만 사는 자에 대한 명칭이다. 우리는 하나님만 믿고 의지하며, 성경을 주야로 읽고 묵상하며 기도하며 지낸다.

맥아더는 자기의 자녀가 하나님을 전적으로 신뢰하고, 그분께로부터 담대함을 얻기를 소망하였다. 자녀라면 마땅히 그를 돌보시는 아버지께서 자기를 지켜주심을 믿어야 한다.

하나님 아버지,

선지자의 대언으로 이스라엘을 회복시켜 주시겠다고 하신 약속을 지금, 받게 하시니 감사합니다. 이스라엘을 그 징벌과 고난 중에도 버리지 않으시고 도우시고 붙들어주신 하나님께서 저희 가정과 자녀에게도 그리 하시겠다는 약속을 받습니다.

사랑하는 _____에게 하나님이 되어주시겠다는 언약을 축복으로 받습니다. 하나님께서 함께 해 주심을 늘 생각하며 지내게 하시옵소서. 그의 시간, 시간이 하나님 앞에서의 지냄으로 살아드리게 하시옵소서. 하나님께서 동행하심을 약속받았으니, 교만하거나 무례하지 않기를 원합니다.

하나님께서 _____에게 언약으로 주시는 말씀을 마음에 새기고 날마다 기억하게 하시옵소서.
 -너를 굳세게 하리라, 아멘
 -참으로 너를 도와주리라, 아멘
 -참으로 나의 의로운 오른손으로 너를 붙들리라, 아멘

은혜를 더하시는 하나님,
_____가 여호와 앞에서 대담하기를 축복합니다. 어려움을 만났을 때, 뒤로 물러서지 않고, 앞으로 나아가는 담대함의 은혜를 주시옵소서. 이 시간에, 맥아더의 마음으로 하나님을 찾게 하셨음에 감사드립니다. 자녀가 실의에 자신을 내어주지 않기를 바랐던 맥아더의 마음처럼 _____(이)를 위해서 간구하게 하옵소서.

맥아더의 자녀를 담대하신 은혜로 ＿＿＿＿＿도 세워 주시옵소서. ＿＿＿＿＿가 자신을 하나님께 맡기고 살 때, 여호와의 신실하심을 보여 주시옵소서. 자신의 장래에 대하여 여러 가지로 생각할 때, 하나님의 은혜를 보게 하시옵소서.

지금은 ＿＿＿＿＿가 공부하는 중에 있으므로, 공부하는 것에 대하여 묵상할 때, 성적의 오르지 않음으로 낙심하지 않게 하시옵소서. 원하지 않는 낮은 점수의 시험성적에 낙심하지 말게 하시옵소서. 하나님의 또 다른 은혜가 예비되어 있음을 믿게 하시옵소서.

담대하게 해 주시는 하나님,

오늘 아침을 시작하면서 ＿＿＿＿＿가 '아멘'을 고백하도록 이끌어 주시옵소서. 그의 입술로 할 말이 많겠으나 여호와 앞에서 아멘의 열매를 드리기 원합니다.

하나님께서 하시는 모든 일들이 그대로 이루어짐을 바라는 아멘의 응답을 하게 하시옵소서.

＿＿＿＿＿는 오늘도 하나님의 백성으로 살아가기를 기뻐하고 있습니다. 그에게 하나님을 영화롭게 해 드리는 삶에 소망을 갖게 하시옵소서. 하나님의 일을 이룸에 자신의 마음과 시간을 드리게 하시옵소서.

그 자신이 하나님의 사람으로 지내며, 그의 소망이 꼭 이루어질 것을 믿는 확신의 고백으로 아멘을 드리게 하시옵소서.
이 모든 간구를 예수님의 이름으로 기도드립니다. 아멘.

4일 정직한 패배에 당당함

잠 2:21,
대저 정직한 자는 땅에 거하며 완전한 자는 땅에 남아 있으리라

맥아더는 하나님이 인정하시는 사람에게 주목하였다. 그는 하나님께 정직하기를 원하였다. 전투가 치열한 현장에서는 승리를 거두기를 원하지만 때로는 실패하여 후퇴하기도 한다. 적에게는 후퇴하지만 하나님께는 후퇴란 있을 수가 없다고 생각하였다. 하나님께서 자기의 보장이 되어주셔야 하는데,

만일, 후퇴한다면 하나님의 보호해 주심을 기대할 수 없기 때문이었다. 하나님께서는 때때로 실패를 허용하신다. 그것은 실패로 말미암아 배우도록 하시려는 하나님의 의도이다. 정직한 패배를 통해서 자신을 속이려 하지 않았다.

맥아더는 실패를 원하지는 않았지만 실패하더라도 불의한 성공을 추구하려 하지 않았다. 그 자신이 그렇게 살아올 수 있었음은 가족에게서 물려받은 신앙의 유산에 있었다.

그의 '인생사전'에 불의에 대한 기록이 없다. 왜냐하면 그 자신이 하나님께 드려졌기 때문이었다. 그러므로 하나님 앞에서 살아가도록 이끌어 주셨던 하나님의 은혜를 자녀가 경험하기를 원하였다. 그래서 그는 자기의 자녀가 실패하였을 때의 아픔보다는 여호와 앞에서 정직한 것에 집중하기를 원하여 그의 정직

함을 바라보며 간구하였다.

　-"대저 정직한 자는 땅에 거하며 완전한 자는 땅에 남아 있으리라"(잠 2:21)

　성경에서는 가인과 아벨부터 시작된 사람에 대한 두 개의 역사를 잇고 있다. 그것은 의인의 길과 악인(죄인)의 길이다. 하나님께서는 의인의 삶을 보장해 주시는데, 곧 의롭고 정직한 자를 땅에 거하게 하신다. 하나님은 땅의 주인이시다.

　하나님께서는 악인이 땅에서 끊어지도록 하신다. 악인들은 다 하나님의 심판을 받아 땅에서 제거될 것이다. 악인들의 일시적 평안과 번영은 결국 갑작스러운 멸망으로 끝날 것이다.

　의인이라는 표현은 성경에서 자주 완전한 자로 동일하게 묘사되었다. 완악한 자는 땅에 거하고 땅에 남아 있을 것이다. 의인은 땅을 기업으로 얻을 것이다. 하나님의 자녀는 예수님의 피로 의롭다 함을 받았느니 여호와 앞에서 의를 사모해야 한다.

　우리는 맥아더를 따라서 자녀가 부끄러운 영광을 얻기보다는 떳떳한 실패를 선택하는 용기를 갖도록 기도해야 한다. 우리 자신이 '정직한 f 학점'에 당당할 때, 지너기 히니님께 의의 얼매를 보여드리게 될 것이다.

　우리가 자녀의 정직함을 위해 눈물을 쏟을 때, 하나님께서 자녀에게 정직함의 은혜를 주신다. 자녀의 생애에 정직함을 위해서 간구하자.

하나님 아버지,

땅과 관련하여 축복의 언약을 두 말씀으로 주시니 감사합니다. 저희 자녀에게 주시는 약속으로 정직하라고 하시며, 완전하라고 하셨습니다. 정직은 내적인 의미고, 완전은 외적인 것이라고 깨닫습니다. 주 안에서 _____(이)가 그의 마음이 정직하고, 행동이 순결하기를 원하시는 하나님께서 주신 약속이라 감격스럽습니다. _____(이)에게 땅을 주시기를 원하시고, 그 땅에서 살아가기를 원하시는 하나님의 은총입니다.

저희 자녀가 하나님 앞에서와 사람들에게 정직하고, 완전하기 위해서는 저희 부부가 먼저 그렇게 살아가야 한다고 생각합니다. 맥아더를 누구나 존경하는 장군이 되도록 한 것은 하나님이 섭리와 예정이었지만, 그의 가정을 통해서 성장을 하게 된 결과인 줄로 믿습니다.

하나님께서 저희 자녀를 위하여 예비해 주신 땅에 들어 가도록 해주시옵소서. 그곳에서 하나님께서 베풀어 주시는 복을 누리게 하시옵소서. _____(이)가 정직하고 순결하도록 키우게 하시옵소서.

여호와 하나님,
_____(이)가 하나님 앞에서나 사람들 앞에서 정직한 자녀가 되기를 축복합니다. 그의 정직으로 여호와께 인정을 받는 자녀가 되게 하시옵소서. 부족한 저의 무릎을 드려 _____(이)를 위한

중보를 하게 하셨음에 감사드립니다. 하나님께서 맥아더의 자녀에게 주셨던 은혜를 _____에게도 주시려고 간구하게 하셨으니 빌기를 다하게 하시옵소서.

오늘, _____가 하나님께 대하여 정직함으로 그의 인격을 갖추게 하시옵소서. _____(이)의 마음에 정직함에 대한 사모함이 있게 하시고, 자신의 행실을 통해서 주님께 영광이 되게 하시옵소서. _____의 정직함을 생각할 때, 먼저 회개의 중보를 합니다. _____가 여호와께 불의했던 행실에 대하여 용서해 주시옵소서. 그리고 성령님의 강권하심으로 _____(이)를 새롭게 하시옵소서. 여호와께 정직하기 위해서는 _____가 치러야 하는 대가에 주저하지 않게 하시옵소서. 지난 시간들의 생활태도가 전등불을 끄듯이 없어지지 않음을 압니다. 그러나 도우시는 성령 하나님의 은혜로 _____의 생각을 바꾸어 주시옵소서. 그의 행동도 바꾸어 주시옵소서.

인도해 주시는 하나님,

이제, 한 가지 더 간구하오니, _____가 성령님의 충만하심에 따라 게으르고 나태했던 지난날의 태도는 담대하게 버리게 하시옵소서. 성령님의 은혜를 구하면서 자신을 새롭게 하게 하시옵소서. "너희 의인들아 여호와를 기뻐하며 즐거워할지어다 마음이 정직한 너희들아 다 즐거이 외칠지어다"(시 32:11)
이 모든 간구를 예수님의 이름으로 기도드립니다. 아멘.

5일 　부끄러운 행실을 버림

골 3:8,
이제는 너희가 이 모든 것을 벗어 버리라 곧 분함과 노여움과 악의와 비방과 너희 입의 부끄러운 말이라

　바벨론에서 총리로 등용이 된 다니엘은 방백들의 갖은 모함을 받으면서 지내야 하였다. 다니엘에게 비유될 수는 없지만 맥아더에게도 그를 시기하고, 질투하는 자들의 모함이 그치지 않았다. 그들의 모함은 하나님의 사람으로 살아가려는 자가 겪어야 하는 고난이었으리라.
　맥아더가 자기를 비방하려는 자들의 집요한 공격을 이겨낼 수 있었던 비결은 하나님 앞에서 부끄럽지 않음에 있었다. 그는 자신을 수치스럽게 하지 않기를 원하였던 것이다.

　맥아더는 자신의 자녀가 하나님 앞에서, 또는 사람들 앞에서 조금의 부끄러움이 없기를 간구하였다. 하나님께서 바라시는 자녀의 모습은 여호와께 조금의 부끄러움이 없는 것이다.
　-"이에 숨은 부끄러움의 일을 버리고 속임으로 행하지 아니하며 하나님의 말씀을 혼잡하게 하지 아니하고 오직 진리를 나타냄으로"(고후 4:2상)
　'숨은 부끄러움'의 일은 죄성에 대한 묘사이다. 그것은 모든 불의와 사악과 모든 가식과 위선 등으로 나타난다. 궤휼은 간사함과 거짓됨을 가리키는데 인간관계에서 보여지는 죄악의 모습이다. 하나님의 사람은 자신의 이익을 얻기 위해서 그런 것들을 의지하거나 행해서는 안 된다. 하나님의 백성은 자기의 행실에서 하나님의 말씀을 혼잡케 하지 않도록 조심해야 한다. 그것은 하나님의 말씀을 부패시키고 변질시키는 것으로서 경건해야 될 삶에 누룩과 같은 작용을 하게 된다.

하나님의 사람은 부끄러운 행실을 버리려고 힘써야 한다. 부끄럽다는 것은 무엇인가?

드러내지 못할 창피스러운 행실을 가리킨다. 사람에 따라서는 자신이 정당한 범위를 벗어난 이익을 얻기 위해서 자기의 행실을 숨어서 한다. 그런데 드러난다면 수치로 돌아올 것이다.

하나님의 사람은 자신의 행실이 외부로 드러날 때, 그 일로 말미암아 하나님을 영화롭게 해드림이 되어야 할 것이다. 그것이 성도로서 하나님께 마땅하다.

하나님의 사람으로 지낸다는 것은 다른 말로 자기를 이 세대에서 거룩하게 하는 것이라고 말할 수 있다. 우리가 만일, 경건한 후손을 보기 원하고, 그를 통해서 하나님의 영광을 나타내려면, 자녀가 여호와께 예물로 드려져야 한다.

아벨 자신이 먼저 열납이 되고, 그가 드린 제사가 받아들여졌다면, 우리의 소원도 맥아더와 같이 자녀가 부끄러워하지 않기를 간구해야 할 것이다. 하나님께 인정을 받는 자녀의 모습을 소망하자.

하나님 아버지,

오늘 저희들의 거룩함에 도전을 주시니 감사합니다. 성도로 세워주시고, 하나님을 영화롭게 해 드리는 삶을 살도록 '벗어 버림에' 대한 은혜를 주십니다. '더러운 의복을 벗어버리라'는 권면으로 이제까지의 행위나 습관, 의식을 온전히 제거하라는 의미임을 깨닫습니다.

하나님께서 _____에게 복을 주시기로 작정하셔서 오늘, 이 말씀을 대하게 하신 줄로 믿습니다. 저희 자녀가 부끄러운 행실을 버릴 수 있도록 부모가 동행하여 함께 더러운 것을 벗어버리게 하시옵소서. 거룩함으로 만들어 가게 하시옵소서.

감정을 다스리지 못하여 화를 내거나 격하게 감정을 나타내어 상처를 주는 행실을 버리게 하시옵소서. 하나님의 백성에게서는 나타내지 말아야 될 육체의 일인 줄로 믿습니다. 이어서 하나님을 대항하여 말을 하거나 하나님께 대적하지 않도록 다스려 주시옵소서. 더불어 서로 협력하고 섬겨야 될 지체에게 사악하게 굴지 않게 하시옵소서. 교회를 세워가는 마음을 주시옵소서.

인애하신 하나님,

_____가 오늘 하루를 살아갈 때, 어떤 경우에도 부끄럽지 않기를 축복합니다. 하나님께 대하여 부끄러움이 없는 삶을 사모하게 하시옵소서. 여호와 앞에서 존귀해야 할 _____에게 의로움에 대한 목마름을 주시옵소서. 여호와를 향해서 의롭고 정직한 것을

선택하여 그 길로 가는 은혜를 주시옵소서. 잠시 잠깐의 유익을 위해 사특한 자의 꾀를 바라보지 않게 하시옵소서.

오늘 한 날에도 _____가 불의에 자신을 넘겨주지 않게 하시옵소서. 혹시 저기의 원하는 것이 더디 이루어진다 해도 옳지 않은 행동에 손을 내어 밀지 않게 하시옵소서.

이제, 주 안에서 _____가 하나님과 사람들에게 부끄러움이 없는 길을 선택하게 하시옵소서. 자신의 보장을 하나님께만 두어 의의 길을 선택하는 용기로 살게 하시옵소서. 죄로 말미암아 타락된 세상에서 그의 눈에 보이는 부끄러운 것들을 확인하게 하시옵소서.

성령님으로 함께 하시는 하나님,
_____가 오늘, 자신의 몸이 성령이 계시는 전이라는 사실을 기억하며 지내게 해 주시옵소서. 아직도 말과 행동에 어리석음과 추함이 있지만 거룩함을 추구하게 하시옵소서.

오늘, 성령님의 인도하심에 따라 _____(이)의 생각과 말 그리고 행동에 있어서 주님께서 받으실만한 것이 되게 하시기 원합니다. 생활을 통해 착한 열매를 많이 맺도록 해 주시옵소서.

"보라 내가 도둑 같이 오리니 누구든지 깨어 자기 옷을 지켜 벌거벗고 다니지 아니하며 자기의 부끄러움을 보이지 아니하는 자는 복이 있도다"(계 16:15)
예수님의 이름으로 기도드립니다. 아멘.

6일 승리를 얻었을 때에 겸손함

시 131:1,
여호와여 내 마음이 교만하지 아니하고 내 눈이 오만하지 아니하오며 내가 큰 일과 감당하지 못할 놀라운 일을 하려고 힘쓰지아니하나이다

전투에서 적을 무찌르고 승리를 거두었을 때, 맥아더는 그 기쁨을 하나님께 드렸다. 하나님께서 승리하셨기 때문이었다. 하나님은 그를 전장에 홀로 가도록 하지 않으시고, 늘 동행해 주셨다.

전쟁은 이기기 위해서 하는 것이다. 전투에 임하는 군인에게 진다는 것은 생각할 수 없다. 장군 맥아더는 전투의 현장에서 언제나 '승리 제조기'였다. 승리를 하기 위해서는 놀라운 작전 계획이 필요했는데, 그때마다 하나님께서 지혜를 주셨고, 병사들과 한 팀이 되어 싸우도록 해 주셨다.

적을 완전 섬멸했을 때, 병사들은 승리의 기쁨에 축가를 부르며 만족해하였다. 그 시간에, 맥아더는 조용한 곳을 찾아 하나님께 감사하였다. 그리고 혁혁한 공을 세운 병사들에게 영광을 돌렸다. 그는 이겼다고 해서 자만하려 하지 않은 것이다.

-"대저 만군의 여호와의 날이 모든 교만한 자와 거만한 자와 자고한 자에게 임하리니 그들이 낮아지리라"(사 2:12)

여호와의 날이 '교만한 자와 거만한 자와 자고한 자'에게 임하여 그를 낮추신다고 하셨다. 한 사람에 대한 표현으로서 교만

과 거만 그리고 자고라는 표현을 사용했다. 그날에 그들이 굴복되고 하나님께서 홀로 높임을 받으신다는 예언이다. 그것은 하나님의 심판을 가리키는 것으로 하나님께서 그에게 진노를 쏟으시며 징벌하신다는 의미이다. 교만은 사람이 하나님께 대하여 저지를 수 있는 큰 죄이며 가장 근본적인 죄악이다.

그는 자신을 자기의 기준으로 삼기 때문이다. 사람에게 교만은 하나님 대신 자신을 높이는 것이다. 그러므로 하나님의 자녀는 신앙적 교만에 빠져서도 안 된다.

하나님께서는 교만한 자를 물리치신다. 자신이 자랑으로 삼고싶은 기회는 영원하지 않고, 언제나 순간이다. 그는 순간을 영원과 바꾸려 하지 않았다.

맥아더는 자녀가 남들과 겨루는 일에 있어서 승리를 거두게 되었을 때, 스스로 우쭐대어 자고 하지 않기를 간구하였다. 사람이 살다 보면 남과의 경쟁에서 이기거나 지기도 한다. 이때, 이겼다고 하여 자신의 승리에 도취되면 교만해지게 된다. 또한 승리에의 도취는 만일, 패배하게 될 때, 더욱 깊은 절망으로 떨어뜨린다.

인생을 살면서 수없이 경험하게 되는 승리와 패배에 있어서 중요한 것은 겸손함이다. 사람이 여호와 앞에서 겸손하면 하나님의 은혜를 보게 된다. 이에, 자녀가 우쭐대지 않고, 늘 겸손의 옷을 입도록 기도하자. 하나님께서 그를 높여주실 것이다.

하나님 아버지,

다윗이 거룩한 결단을 고백하던 말씀을 저의 입에 넣어주셔서 중얼거리게 하시니 감사합니다. 교만하기를 거절하고, 자기를 과장되게 사람들 앞에 드러내지 않으려한 그의 결단을 ____(이)의 것으로 삼도록 복을 내려 주시옵소서.

원죄 아래에 있던 인간의 본성은 자기를 과시하려는 것이라고 깨닫습니다. 자기를 과시함으로써 남을 깔보려는 심산이지요. 자신을 과대평가하는 것은 교만한 마음이지요. 또한 하나님의 피조물임에도 불구하고, 자신을 과소평가하며 열등감에 빠져서는 안 된다고 생각합니다.

하나님께서는 교만을 미워하시며 교만한 자를 물리치시며 겸손한 자에게 은혜를 주신다고 하셨습니다. 하나님 앞에서 복된 자로 지내기 위하여 ____(이)가 서로 마음을 같이하며, 자기의 마음을 낮은 데 두고, 스스로 지혜 있는 체하지 않도록 하시옵소서.

자기를 알지 못하면서 마치 큰일을 하겠다고 설레발을 치지 않도록 다스려 주시옵소서. 자신의 부족을 아는 자로 지내게 하시옵소서.

이김을 주시는 하나님,

_____에게 자신의 성취를 보며 자고 하지 않기를 축복합니다. 늘 자신을 살펴서 _____가 하나님 앞에서나 사람들 앞에서 교만하지 않도록 하시옵소서. 하나님께서 세상의 사람들에게 하나

님이심을 나타내려고 _____에게 영광의 시간을 주신다고 믿습니다. 그때, 자기를 드러내지 않게 하시옵소서. 맥아더의 자녀를 겸손한 사람으로 세워주신 은혜로 _____(이)를 겸손하게 해 주시옵소서. 성령님의 인도하심을 좋아하여 _____가 겸손의 옷을 입고 즐거워하는 생애를 살게 하시옵소서.

여호와의 은혜로 잘하게 된 일로 말미암아 그 영광을 가로채지 않게 하시옵소서. 혹시 남들로부터 _____가 칭찬을 받는다 하여 오만해지지 않도록 다스려 주시옵소서.

하나님 아버지, _____가 성취의 잔을 마실 때마다 하나님께서 하셨음을 인정하는 마음을 주시옵소서. 하나님이 영광을 받으시려고 이루셨음을 인정하게 하옵소서. 그 기쁨에서 _____(이)를 도구로 사용하시는 하나님의 계획을 보는 눈을 주시옵소서.

자비로우신 하나님,

오늘, 한 날의 삶에서는 _____에게 자비로움으로 지내게 하시옵소서. 함께 지내는 동안에 하나님의 자비로우심으로 친절한 태도를 보이게 해 주시옵소서. 동네에서 만나는 친구들에게 플러스가 되어 주는 사람의 마음을 나타내도록 하시옵소서
_____에게 남들을 자기보다 높이는 은혜를 주시옵소서. 그들에게 도움을 주면서 주님의 사랑을 드러내게 하시옵소서. 자신을 비우고, 예수님을 전해 주려는 마음의 자세로 대하게 하시옵소서. 예수님의 이름으로 기도드립니다. 아멘.

7일   온유한 사람으로 자기를 세움

잠 19:6,
너그러운 사람에게는 은혜를 구하는 자가 많고 선물 주기를 좋아하는 자에게는 사람마다 친구가 되느니라

   전투는 혼자서 하는 것이 아니다. 지휘관과 병사들이 한 마음이 되어서 적과 싸워야 한다. 그러나 병사들 중에는 장군의 지휘에 대하여 불평할 수도 있고, 장군과는 다른 생각을 가질 수도 있다. 이와 같은 장군과 병사들의 갈등은 어느 전투에서나 있었다. 병사들이 불평을 토로하거나 대들 때. 맥아더는 장군이 보여줄 수 있는 인자함과 온유로 그들을 대하였다.

   맥아더에게 붙여진 별명은 참으로 많았다. 그에게 비방하는 이들은 맥아더에게 전쟁광이라 불렀고, 전쟁을 즐긴다고 악평하였다. 그러나 그는 온유하였다. 그가 전투에 나가서 승리를 거두었기 때문에 그에 대한 모함이나 온갖 악담들이 잠잠해졌지, 만일 한 번이라도 전투에 실패했다면 그에게 군복을 벗기려고 덤벼드는 사람들이 벌떼처럼 일어났을 것이다.

   평생을 군인으로 전쟁터에서 보낼 때, 하나님의 은혜는 그가 온유로 자신을 다스리도록 하였다. 그 온유로 단 한 번의 실수도 없이 전쟁을 승리로 이끌었다. 맥아더의 경건한 삶은 사실, 그 자신이 여호와 앞에서 온유함을 추구하는데 있었다.

  -"그러나 온유한 자들은 땅을 차지하며 풍성한 화평으로 즐

거워하리로다"(시 37:11)

    다윗은 지금까지 지내오면서 경험했던 은혜의 고백을 하였다. 그것은 하나님께서 악인을 심판하신다는 것이다. '행악자는 끊어질 것'이라고 하였다. 사람이 끊어진다는 것은 죽음을 가리킨다. 혹시 악인이 형통한 것을 보이더라도 그것은 일시적이며, 잠시 후에 악인은 없어질 것이다. 우리가 그곳을 자세히 살필지라도 그가 없을 것이다.

    다윗은 그렇게 말하면서, 온유한 자는 땅을 차지하며 풍성한 화평으로 즐거워 할 것이라고 하였다. 그가 가리키는 온유한 자는 의인에 대한 다른 이름이다. 하나님께서는 의인에게 하나님을 경외하고, 그를 소망하며, 의지하도록 하신다. 의인에게 하나님을 기대하도록 하신다는 것이다. 이로써 그는 땅으로 묘사된 여기에서(현재의 세상)의 복락을 누리게 될 것이다.

    맥아더는 자녀가 여호와 앞에서 온유하여, 온유함으로 말미암은 하나님의 인정을 받기를 간구하였다. 하나님의 자녀는 온유함으로 살아가야 한다. 그의 온유에 땅을 차지하는 복을 주시기 때문이다.

    하나님은 온유한 자의 아버지이시다. 만일, 온유하지 못하여 쉽게 분을 내고, 이웃과 다투게 되면 소금과 빛의 역할을 감당하지 못하게 된다. 그러므로 성령님의 온유하심의 은혜가 있기를 간구하자.

하나님 아버지,

사람들과 더불어 지내야 하는 관계에서 타인에 대하여 가져야 할 자세에 대한 말씀을 주시니 감사합니다. 이웃에게 너그러운 자가 되고, 때로는 선물을 주는 자가 되어야 한다는 말씀으로 선한 행실에 주목하게 하시는 줄로 믿습니다.

이웃에게 친절하여 하나님의 자비하심을 실천하는 저희 가정이 되기를 원합니다. 사람을 대할 때, 관대함을 보이게 하시옵소서. 어떤 경우에서도 상대방의 자리에서 생각하게 하시며 그의 입장을 헤아리게 하시옵소서. 너그럽게 대함을 인간관계의 출발로 삼게 하시옵소서.

–주님의 온유하심과 화평이 넘치는 가정으로 삼아 주시옵소서.
–주님의 관대하심과 사랑이 넘치는 가정으로 삼아 주시옵소서.

저희 부부가 먼저 주님의 친절함으로 이웃에게 다가가게 하시옵소서. 그리고 이웃을 대함에 관대하게 하시옵소서. 그래서 자녀가 부모의 모습을 보고 자라기를 원합니다. 그리하여 _____(이)에게 너그러움의 영향을 끼치게 하시옵소서.

복을 주시는 하나님,

여호와 앞에서 온유한 자로 세워지기를 바라며 _____(이)를 축복합니다. 온유함의 은혜로 말미암아 _____가 평안의 삶을 누리게 하시옵소서.

사랑하는 _____에게도 맥아더의 자녀가 지녔던 온유함으로 인도되기 원합니다. 그가 먼저 하나님께 대하여 온유함으로써 자신을 향하신 여호와의 계획에 자기를 내어드리게 하시옵소서.

하나님 아버지, _____(이)를 여호와께 온유한 자로 만들어 주셔서, 온유에 약속되어 있는 복을 누리게 하시옵소서. 자신을 내세우지 않으며, 쉽게 분노하지 않음으로써 여호와의 의가 세상에 드러나도록 하는 은혜를 주시옵소서.

_____가 하나님을 경외하면 여호와께서 품어 주실 줄 믿습니다. 하나님을 사랑하는 데서 한 걸음도 뒤로 물러서지 않도록 이끌어 주시옵소서.

_____가 하나님의 말씀을 소중히 하면 여호와께서 저의 길을 인도해 주심을 믿습니다. 여호와의 영광을 구하게 하시옵소서.

여호와 우리 주여,
_____가 하나님을 마음으로 소망하게 하시고, 성령님의 인도하심에 순종해서 자신을 다스리게 하시옵소서.

오늘은 성령님께로 충만하게 하시옵소서. 이로써 자신의 삶에 대한 주도권을 하나님께 내려놓은 은혜를 _____에게 주시옵소서. 그가 오늘이라는 하루를 하나님께 내려놓아서 하늘의 사람으로 자신의 인격을 형성해 가게 하시옵소서.

하나님께 내려놓음이 습관으로 몸에 배기를 원합니다. 이 은혜로 더불어 온유함의 성품을 갖게 하시옵소서.
예수님의 이름으로 기도드립니다. 아멘.

8일 노력 없이 대가를 바라지 않음

살후 3:8,
누구에게서든지 음식을 값없이 먹지 않고 오직 수고하고 애써 주야로 일함은 너희 아무에게도 폐를 끼치지 아니하려 함이니

맥아더에게 육군사관학교의 생도 시절부터 몸에 밴 것은 성실이었다. 그는 하나님 앞에서라는 '신전 의식'으로 살아갔다. 자신이 살아가는 매일, 매시간의 삶을 예배로 인식하고 지내었다. 예배로서의 삶에 주목하고 지냈기 때문에, 단 한 날의 시간에서도 소홀하지 않았다.

그러한 삶은 그에게 성실형의 인생이 되도록 하였다. 이로써 자신이 누리고 있는 모든 것에서 성실하였다. 그리하여 대가가 지불되어서 얻은 것만을 자신의 소유로 삼았다. '소유는 대가가 지불된 결과'라는 공식을 좋아하였다.

하나님의 자녀는 소유에 있어서 성실하게 수고하여 그 대가를 누리는 자들이 되어야 한다. 성경을 보면 "여호와를 경외하며 그 도에 행하는 자마다 복이 있도다"라는 것을 "네가 네 손이 수고한 대로 먹을 것이라. 네가 복되고 형통하리로다"(시 128:1~2)라는 말씀으로 연결을 짓고 있다.

대가를 지불함에 대한 정신은 하나님께서 그에게 주신 복이었다. 하나님을 믿는 사람이라 해서 대가를 지불하는 원칙에 선 사람은 드물다. 맥아더는 자녀가 노력의 땀을 흘림이 없이 누리고자 하는 헛된 소망을 거절하기를 바라는 마음에서 수고에 대하여 적극적이기를 간구하였다.

-"스스로 속이지 말라 하나님은 업신여김을 받지 아니하시나니 사람이 무엇으로 심든지 그대로 거두리라"(갈 6:7)

하나님의 자녀에게 바울은 권면하기를 스스로 속이지 말라고 하였다. 이것은 자신을 속이지 말라는 것이며, 남에게 속지 말라는 것이다. 하나님의 나라에서와 이 땅(자연계)에서 공통된 법칙이 있다면 속일 수 없다는 것이다. 그러므로 "사람이 무엇으로 심든지 그대로 거두리라"고 하였다.

땅에 속해 있는 사람의 죄성은 자기의 이익을 탐내느라고 남을 속이도록 한다. 그리고 남이 속아 넘어가는 것을 즐거워한다. 이것은 사실, 자신에게 자신이 속는 것이다. 만일, 이익을 원한다면 원함에 따라 수고를 해야 한다.

얻음은 성실함에 대한 대가이다. 하나님은 사람에게 속지 않으신다. 오히려 하나님을 속이려는 자가 스스로 속게 된다. 자신이 수고하고, 땀을 흘린 만큼 땅에서 얻는 것이 자연계에 대한 하나님의 섭리이다. 하나님의 자녀는 자기의 노력에 대한 대가보다 더 얻으려 하지 말아야 한다.

우리는 이 땅에서 지내는 동안에 수고하는 삶을 살고, 수고에서 얻어지는 유익으로 빈궁한 자들을 구제하는 선한 일을 하는 자리에까지로 가야 한다. 그것이 하나님의 은총이다.

하나님 아버지,

바울은 복음 사역자로서 당시에 데살로니가 교회로부터 경제적인 지원을 받을 수 있었지만 사양했다는 말씀을 받습니다. 따진다면 자기에게 주장할 수 있는 권리가 있지만 거저 얻는 것을 스스로 포기했다는 것으로 깨닫습니다.

그가 지원을 받는 것에 대하여 말할 사람도 없었지만 스스로 밤낮으로 수고하고 애썼던 것은 전도자로서의 모범을 보인 것인 줄로 믿습니다. 대가를 치르는 모습에서 그를 존경하게 됩니다.

저희들에게도 대가를 치르는 은혜를 경험하게 하시옵소서. 저희 부부가 까닭이 없이 남에게서 거저 얻으려는 마음을 갖지 않게 하시며, 하나님께서 사랑하시는 _____(이)에게 남의 소유에 대하여 탐을 내지 않도록 하시옵소서.

저희는 자녀에게 그가 어려서부터 자신이 수고한 대로 보상을 받음을 경험하게 하시옵소서. 설령, 자기에게 권리가 주어져도 남에게 불편하게 하거나 피해를 주는 행동은 거절하게 하시옵소서.

지혜로우심의 하나님,

_____에게 망대를 세우는 자의 지혜가 있기를 축복합니다.

_____가 여호와 앞에서 복을 원하는 만큼 그에 대한 대가를 지불하기를 기뻐하게 하시옵소서.

사랑하는 _____에게 대가의 지불이 없이 거저 얻어지는 것들에 대하여 주의하게 하시옵소서.

맥아더의 자녀와 같이 스스로 노력해서 얻어지는 결실을 기대하게 하시옵소서. _____가 결코 수고의 땀을 흘리지 않고, 얻으려는 도둑의 유혹을 물리치는 은혜를 주시옵소서.
　　맥아더의 자녀가 대가를 지불하고, 정당한 노력으로 유익해지기를 원하던 은혜를 _____의 것으로 삼게 하시옵소서. 저희 부부가 여호와 앞에서 살아가기를 원하듯이 여호와께 _____의 인생이 복되기 위해서 근면의 경건을 갖추도록 이끌어 주시옵소서. 성령님의 인도하심에 순종해서 정의롭고, 반듯한 방법으로 유익을 구하도록 하시옵소서.

　　삶의 하루를 여신 하나님,
_____에게 학업의 때를 살게 하심은 여호와의 은혜라 생각합니다. 하나님의 때를 따라 도우시는 사랑으로 이만큼 자라게 하셨으니, 이제는 자신의 사명을 발견하게 하옵소서.
_____가 공부에 최선을 다해 대학에 진학을 하고, 사회인이 되어서 어디에 서게 되던지 주님의 사람으로 있게 하옵소서.
　　오늘, _____의 삶이 물 댄 동산과 같기를 축복하며 간구합니다. 하나님께서 그에게 시냇가에 심은 나무와 같은 삶으로 이끌어 주실 줄로 믿습니다. 그리고 오늘도 그가 여호와의 산에 오를 자가 되도록 이끌어 주시옵소서. 하나님 앞에서 그의 손이 깨끗하기를 소망합니다. _____(이)를 하나님께서 인정해 주시옵소서.
예수님의 이름으로 기도드립니다. 아멘.

9일   지혜의 근본을 깨달음

시편 111:10,
여호와를 경외함이 지혜의 근본이라 그의 계명을 지키는 자는 다 훌륭한 지각을 가진 자이니 여호와를 찬양함이 영원히 계속되리로다

    지휘관으로서 맥아더의 모습은 '지장'(知將)이었다. 그에게는 장군으로서의 지혜가 남달라서 수많은 전투에서도 실패 없이 승리로 이끌었다. 전쟁에서의 실패는 곧 아군의 생명을 잃는다는 것이었다. 만일, 그가 한순간이라도 오판을 한다면 부하들이 적이 쏘아대는 총에 목숨을 잃게 될 것이다.

    전투의 현장에서 그에게는 승리로 이끌어야 하는 지혜가 요구되었다. 그 지혜는 하나님께 있다. 그는 일촉즉발 위기의 전투 현장에서 하나님의 지혜가 적들의 지혜를 이긴다는 것을 이미 확인하였다. 그래서 하나님께 지혜를 구하였던 것이다.

    맥아더는 자녀가 하나님 앞에서 지혜와 지식으로 자라나기를 소망하여 여호와를 경외하기를 간구하였다. 그의 자녀가 공경하는 마음에서 우러나오는 거룩한 두려움으로 여호와를 섬긴다면 지혜로운 인생을 살아갈 것이다.

  -"그의 위에 여호와의 영 곧 지혜와 총명의 영이요 모략과 재능의 영이요 지식과 여호와를 경외하는 영이 강림하시리니" (사 11:2)

    사람이 하나님을 믿고 싶다고 해서 하나님을 믿을 수 있는가?

그렇지 않다. 하나님의 영이 그에게 임하여 그에게 하나님을 믿도록 이끌어 주셔야만 한다.

왜 그런가? 하나님을 믿음은 사람(자연인)에게 속한 것이 아니고 하나님께 속해 있어서이다. 이와 같은 논리에서, 하나님의 영이 사람에게 하나님을 경외하도록 강권해주실 때, 그는 하나님을 섬기며 존경하게 된다.

사람(자연인)이 하나님을 경외하고 싶어도 하나님께 속해 있지 않다면 하나님께서 원하시는 경외함으로 들어갈 수 없다. 그저 자신의 생각으로 하나님을 경외한다고 말할 뿐이다.

여호와의 영을 받아 하나님을 경외함에 이르기를 원하자. 이 때 비로소 하나님의 지혜를 경험하며, 그 지혜로 세상의 일들을 분별하고, 판단을 하게 된다. 이 지혜는 하나님을 경외하는 자에게 주시는 선물이다.

우리는 순간순간 선택을 하고, 그 결정에 따른 삶을 살게 되기에 지혜를 필요로 한다. 하나님을 섬기고, 의뢰하면, 하나님께서 그의 인생을 인도하실 것이다. 그리고 그 삶은 사람의 편에서 볼 때, 지혜의 시작이 된다.

그러므로 자녀가 여호와를 경외한다는 것은 그만큼 지혜로운 삶에 대한 보장이 된다. 사람의 지혜는 하나님께로 말미암는다. 오직 하나님을 경외함으로 자신의 인생을 살아갔던 맥아더의 열심을 나의 것으로 삼아 자녀를 축복하는 기도를 하자.

하나님 아버지,

저희 가정을 복 되게 하시려고 주를 찬양하게 하시니 감사합니다. 어른은 어른대로, 아이들은 그들대로 지혜로운 인생을 살게 하시려고 여호와를 경외함에 도전을 받게 하셨다고 믿습니다.

피조물인 인간에게 있어서 하나님을 경외하는 일은 가장 기본적이면서도 중요한 의무라고 여깁니다. 하나님을 경외하면 악을 멀리하고, 이웃을 사랑하게 되는 줄로 믿습니다.

_____가 악을 멀리하고 하나님을 가까이하는 것이 참된 지혜의 길이라고 확신합니다.

다윗은 자신의 경험에서 하나님의 계명을 실천하는 모든 자에게는 명철이 있다고 고백하였습니다. 다윗과 같이 하나님께서 주신 계명을 가까이하고, 절대 순종해서 명철함에 이르게 하시옵소서. 예수님을 믿는다 하면서도 저희 가정에서 하나님의 말씀을 소홀히 하여 지혜와 명철을 잃지 않기를 원합니다. 하나님께서 주신 계명을 사랑하고 그것을 행하여 참된 분별력과 명철을 누리게 하시옵소서.

믿음을 주시는 하나님,

_____가 여호와를 찾는 영으로 충만하기를 축복합니다. 오늘도 종일 여호와 하나님의 이름을 찾고, 섬기는 것을 우선순위로 두게 하시옵소서. 맥아더의 자녀가 여호와를 경외하는 삶으로 경건한 모습을 갖춘 것처럼, _____에게도 하나님을 섬기는 은혜를 주

시옵소서. _____가 하나님을 가까이하고, 저와 저희 가정을 통해서 받은 믿음의 본으로 경건함을 갖추게 하시옵소서. 성령님의 충만하신 임재로 하나님을 찾는 자녀가 되게 하시옵소서.

하나님을 신뢰하여 자신의 삶을 맡기고, 성령님의 인도에 붙잡힌 삶을 경주하게 하시옵소서. 오직 성령님의 이끌어 주심과 동행해 주심에서 지혜로운 인생이 되게 하시옵소서.

_____에게 여호와를 경외함으로 누리는 은혜를 즐거워하게 하시옵소서. 하나님을 자신의 지혜로 삼게 하시옵소서. 하나님을 영화롭게 해드리는 데서 지혜를 얻게 하시고, 명철함을 보게 하시옵소서. _____가 노인보다도 승한 지혜를 갖고 자신을 살피며, 공부하는 것에도 열심을 다하게 하시옵소서.

좋으신 하나님,

오늘은 _____가 친구들과 함께 할 때, 하나님의 자녀로 다가가게 하시옵소서. 혹시, 군것질을 할 때, 서로의 나눔을 경험하게 하시옵소서. 친구들과 수다를 떠는 즐거움도 누리게 해 주시옵소서. 그 즐거움으로 친구들을 좋아하게 하시고, 우정이 깊어지는 기쁨을 갖게 하시옵소서. 음식을 함께 즐기는 중에 하나님의 사랑을 나누는 거룩한 즐거움을 주시기 원합니다. 여호와를 경외하는 마음에서 비롯되는 행실로 오늘을 감사하며 지내도록 하시옵소서. 친구들을 사랑하며 더불어 지내게 하시옵소서.

예수님의 이름으로 기도드립니다. 아멘.

10일 요행의 길을 바라지 않음

골 3:22,
종들아 모든 일에 육신의 상전들에게 순종하되 사람을 기쁘게 하는 자와 같이 눈가림만 하지 말고 오직 주를 두려워하여 성실한 마음으로 하라

'군인의 집안.' 맥아더의 인격에 영향을 끼친 것은 그의 집안이 군인가족이라는 데 있었다. 군인은 훈련으로 만들어진다. 그는 어려서부터 정직하고 절도가 있는 생활을 몸에 익혀 왔다.

군인의 정신이 그에게 군인으로 살아가는 삶을 선택하게 하였고, 육군사관학교에 들어가도록 하였다. '기독교 신앙 가정' 맥아더의 사상에 영향을 끼친 것은 가정에서의 삶이었다. 그는 자신이 누구인가를 알아가는 시간에 벌써 크리스천으로 되어 있었다.

하나님을 경외하며, 하나님의 말씀에 순종하여 실천하는 삶이 자연스러워진 것이다. 자신이 하나님의 백성이라는 사실에 감사하며 지냈던 것이다.

군인의 정신과 기독교적 사상은 그에게 정직한 삶을 기준으로 선택하게 하였다. 그래서 사람들이 행운이라는 말을 하거나 요행이라는 말을 할 때, 관심을 갖지 않았다.

삶은 자신이 행동하는 것에 대한 결과라는 것을 확신했기 때문이다. 여호와 앞에서 경건하기를 원하는 자가 선택해야 하는 삶의 법칙은 '심고 거둠의 원리'를 따르는 것이다.

하나님의 자녀는 심지 않은 데서 거두는 것을 바라서는 안 된다. 맥아더는 자신의 자녀가 까닭이 없이 누리는 것을 원하지 않았다. 더욱이 요행을 바라거나 요행에 마음을 빼앗기지 않기를 간구하였다.

-"성실하게 행하는 자는 구원을 받을 것이나 굽은 길로 행하는 자는 곧 넘어지리라"(잠 28:18)

하나님께서는 성실한 사람에게 복을 약속하셨다. 성실한 자는 복을 얻는다고 하셨다. 하나님의 앞에서 사람의 성실은 그 의미를 하나님께 완전한 자, 책망할 것이 없는 자라는 의미이다.

그는 하나님의 율법을 즐거워하여 지키며, 하나님의 뜻을 행함에 기뻐하여 순종한다. 그리하여 그의 모습은 의롭게, 선하게 살아가는 사람으로 나타난다.

요행을 바라지 않고, 자신이 흘린 땀의 대가를 취하면서 만족해하는 사람이다. 이것이 바로 하나님의 자녀 된 모습이다.

하나님의 뜻은 우리가 완전한 자가 되는 것이다. 이 땅에서 하나님의 자녀로 산다는 것은 요행과는 반대편을 택하는 것과 같다.

하나님의 자녀는 여호와 앞에서 충성된 종으로 살아야 한다. 우리는 선한 행실의 열매를 맺어 하나님께 영광을 돌려야 하는 자녀를 위해 기도하자. 결코 자신이 수고하지 않은 것에 마음을 두지 않도록 간구하자.

하나님 아버지,

오늘, 말씀을 주시면서 눈가림과 성실함을 생각하도록 도전해 주시니 감사합니다. 종이 주인 앞에서 순종하는 행실에 대한 권면으로 하나님 앞에서의 행동을 결단하게 하심에 감격스럽습니다.

오늘의 말씀에서 먼저, 눈가림으로 순종하지 말라고 권면하는 말씀을 받게 하시옵소서. 종이 자신의 진실함에서 아니라 주인에게 호감을 사려고 순종하는 것처럼 하지 않게 하시옵소서.

그 순종은 주인에게 거짓된 행동일 뿐이지요. 이어서, 성실한 마음으로 순종하라고 권면하는 말씀을 받게 하시옵소서. 무엇을 하든지 진실함으로 임하게 하시옵소서. 저희의 행실을 하나님께 드려지는 예배로 삼기를 원합니다.

하나님께서 보실 때, 순결하고 정결해서 흠을 찾을 수 없는 마음으로 행동하게 하시옵소서. _____가 행동을 할 때, 하나님을 두려워하는 마음을 기준으로 삼게 하시옵소서.

신실하신 하나님,

_____가 헛된 즐거움을 구하지 않기를 축복합니다. 여호와 앞에서 의롭지 못한 이익에 대하여 거절하는 은혜를 주시옵소서. 사랑하는 _____에게 하나님께서 미워하시는 부귀를 바라지 않게 하시옵소서. 정당한 노력을 기울이지 않고, 엄청난 이익을 보는 것에 마음을 두지 않게 하시옵소서. _____가 스스로의 욕심에 넘어가 나쁜 생각을 하지 않기 원합니다.

맥아더에게 자녀의 경건함을 바라게 했던 은혜가 저에게도 있어서 _____를 위해 간구하게 하실 때, _____가 거룩하게 자라게 하시옵소서.

자기에게 이익이 많을지라도 여호와 앞에서 부끄러운 것이라면 쳐다보지도 말게 하시옵소서. 불의한 즐거움은 독약과도 같음을 깨닫게 하시옵소서.

하나님 아버지께서 저희 자녀에게 하나님이 되어주심을 충만하게 누리게 하시기를 원합니다. 그리하여 _____에게 거룩한 삶의 원리를 따르도록 은혜를 주시옵소서. 오직 여호와의 손길을 바라고, 기다리게 하시옵소서.

여호와 우리 주여,
_____가 남들보다 덜 수고해서 쉽게 이루려는 죄를 생각하지 말게 하시옵소서. 하나님의 일하심을 자기의 것으로 여기도록 감동해 주시옵소서. 그리하여 결코 자신의 노력이 없이 누리려 하는 것을 죄악 된 것으로 여기고, 그것은 생각조차 버리게 하시옵소서.

아울러 오늘을 지내면서 _____에게 우리의 피난처시요 힘이 되시는 하나님 아버지를 아는 은혜를 주시옵소서. 그가 오직 여호와의 도우심을 바라고, 기도할 수 있게 하시옵소서.

오늘도 하나님이 함께 하셔서 건강한 하루, 믿음의 한 날을 살게 하시옵소서. _____가 하나님을 의뢰하게 하시옵소서. 예수님의 이름으로 기도드립니다. 아멘.

11일 안락의 길을 바라지 않음

**수 17:18,
산지도 네 것이 되리니 비록 삼림이라도 네가 개척하라 그 끝까지 네 것이 되리라 가나안 족속이 비록 철 병거를 가졌고 강할지라도 네가 능히 그를 쫓아내리라 하였더라**

맥아더는 군인으로 살면서 늘 자신에게 도전을 하였고 성취를 즐겼다. 이로써 그는 잠시의 안락을 거절하고 보다 나은 것을 위해 노력했었다.

그가 가졌던 도전의 삶은 크리스천의 정신이다. 맥아더의 삶은 전쟁에서의 승리를 이어가는 시간이었다. 그는 위태로움 앞에서 목숨을 내어놓고 전투를 치른 결과 승리를 얻었을 때, 그에 만족하고, '승리자의 영광'을 누리려 하지 않았다.

'전투에 이긴 장군'이라는 사람들의 칭송을 즐거워하며, 자신의 무용담을 늘어놓으려는 시간도 갖지 않았다. 오직 전투에 이기도록 하신 하나님께 감사하면서 다음에 주어질 임무를 준비하였다.

그가 전투에 임하게 된 목적을 하나님의 뜻을 성취해드리는 것으로 여겼기 때문이었다. 특히, 공산주의에 대항해서 싸울 때는 더욱 더 하나님께 충성을 다할 것을 다짐하곤 하였다.

맥아더는 자기의 아들이 하나님을 인생이 표준으로 삼고 지내기를 원하였다. 성장기의 경험을 평생의 삶으로 이끌어 주는 '틀'로 여겨서 자녀가 세상이 주는 안락을 거절하고 보다 고상한 하나님의 뜻을 소망하기를 원하였다. 또한 스스로 고난을 선택하기를 바랐다.

-"어리석은 자의 퇴보는 자기를 죽이며 미련한 자의 안일은 자기를 멸망시키려니와"(잠 1:32)

성경의 사람들이 보여 준 삶의 모습은 하나님의 인도하심을 바라고 앞으로 나아감 이었다. 그들은 하나님께서 주신 말씀에 의해서 도전하는 즐거움과 성취에 대한 감사로 인생의 시간을 살아갔다. 안락이라는 낱말은 평안하고 즐거운 상태를 뜻하지만 그 안락을 즐기다 보면 안일이라는 게으름에 빠지게 된다.

하나님께서는 자기 백성에게 안락을 주시지만, 우리는 안락에 감사하면서 하나님의 창조사역에 성실하게 충성해야 한다. 만일, 안락함을 즐기다가 쾌락으로 이어지면 하나님의 자리를 어리석은 길로 끌고 가게 된다. 하나님 앞에서의 사명을 감당하지 못하고, 자신도 부끄럽게 되는 것이다.

우리는 시민권을 하늘에 두고 있는 사람들이다. 여호와 앞에서 우리가 소망하는 삶은 세상이 주는 안일함을 거절하고, 하나님의 뜻이 성취되도록 때로는 고난도 즐거워해야 한다.

하나님 앞에서 충성을 다하는 삶에 시간의 중심을 두어야 한다, 만일, 안락에 빠지면 게으르게 되고 만다. 자녀가 부지런함으로 하나님께 소망을 두기를 간구하자. 여호와의 은혜로 안일함을 거절하도록 기도로 돕자.

하나님 아버지,

에브라임 지파와 므낫세 지파는 그들의 기업에 속해 있던 가나안 거민을 쫓아내지 못하고, 여호수아에게 땅의 분배를 더 요구할 때, 여호수아가 하나님의 약속으로 그들을 격려하는 것을 보게 하십니다. 여호수아는 그들 지파의 크고 강함을 인정하면서, 북돋아 주는 것을 봅니다. 그렇기에 그들이 기필코 가나안 족속들을 몰아낼 수 있을 것이라고 확신시켜 주었다고 깨닫습니다.

사실 여호수아가 보기에는, 비록 가나안 거민들이 아무리 철병거가 있다고 하더라도, 하나님을 의지하는 신앙이 그들 지파에게 있기만 한다면 능히 그들을 진멸시킬 수 있었습니다. 그들은 가나안의 원주민들을 몰아낸 경험이 수없이 많았으니까요.

인생의 시간은 하나님 앞에서 도전이라는 것을 묵상하게 하시니 감사합니다. '네가 개척하라'는 말씀은 저희 가정에 축복된 사건인 줄로 믿습니다. '네 것이 되리라'고 하신 언약을 기뻐하게 하시옵소서.

인생의 하나님,

여호와 앞에서 _____가 온전한 사람으로 세워지기를 축복합니다. 오늘도 복 있는 사람으로서 사는 한 날이 되게 하시옵소서. 그에게 세상적인 안락을 좋아하지 않도록 감동해 주실 것을 기대합니다. 하나님의 쉼없는 일하심을 도전으로 삼게 하시옵소서.

하나님의 사람으로 날마다 자신을 세워나가야 하는 _____에게 내일을 내다보는 은혜를 주시옵소서. 지금 잠시 좋은 것으로 말미암아 만족해하며 주저앉으려는 유혹을 물리치게 하시옵소서. 또한 이유 없는 안일함을 거절하게 하시옵소서.

　사랑하는 _____가 여호와 앞에서 날마다 분투하는 자세를 갖도록 은혜를 주시옵소서. 성령님의 인도하심에 민감하여 자기를 세우려 함에 힘을 쓰는 자녀가 되게 하시옵소서.

　날마다 동행으로 이끌어 주시는 하나님,

　세상은 때때로 _____를 유혹해서 적당히 살게 하려 할 것입니다. 또한 남들도 다 그렇게 산다는 생각으로 안주하려 할 것입니다. _____가 여호와께 쓰임을 받기 위해서 자기를 준비하는 데 게으르지 않게 하시고 스스로의 유혹을 이기게 하시옵소서.

　오늘, 여호와의 은혜를 구하는 _____에게 얼굴을 비춰 주시옵소서. 하나님을 구하고, _____와 함께 하시는 아버지를 느끼게 하시옵소서.

　오늘도 그가 살아가는 데 필요한 하늘의 은혜를 허락해 주실 것으로 믿습니다. 하나님께 대하여 영과 진리로 나아가고, 세상에 대하여서는 지혜롭게 해 주시옵소서.

　여호와를 의지하여 _____가 수시로 기도할 때, 하나님의 귀 기울이심을 느끼게 하시옵소서. 천국의 일꾼으로 자기를 준비하는데 모자람이 없게 하시며, 소원을 아뢰게 하시옵소서.
예수님의 이름으로 기도드립니다. 아멘.

12일   자극을 받아 분발하기를 원함

롬 15:13,
소망의 하나님이 모든 기쁨과 평강을 믿음 안에서 너희에게 충만하게 하사 성령의 능력으로 소망이 넘치게 하시기를 원하노라

장군 맥아더의 삶은 어떻게 보면 긴장과 위기의 연속이었다. 전투가 벌어지면 상대가 패하여 끝나기 전까지 위기는 늘 있다. 순간적인 판단의 실수로 승전할 수 있는 기회를 놓치고 패배로 돌아서기 때문이다. 그 역경의 시간에, 맥아더가 택한 것은 하나님의 은총이었다.

하나님께서 자신을 도우시면 위기를 기회로 바꾸어 주시고, 역경의 풍랑이 순탄의 바람으로 바뀌어 그렇게 힘을 들이지 않고서도 전진할 수 있었던 것을 수없이 경험하였다.

맥아더는 전투의 현장에서 늘 환경은 하나님의 선물이라고 깨달았다. 상황의 모습이 어떠하든지, 거기에서 하나님의 위대하심과 하나님의 인도하심을 경험하게 된다면 또 한 번의 기회가 된다는 것이었다. 상황을 통해서 하나님께 찬양을 드렸던 밤의 시간을 그는 갖고 있었다.

상황은 언제나 약속이 없는 자극이었다. 맥아더는 그때, 경험하게 되는 하나님의 은혜를 자신의 아들도 누리기를 원하였다. 그리하여 자신이나 아들이 똑같이 하나님께 자녀로 지내기를 원하였다.

맥아더는 자녀가 살면서 대면하게 되는 상황들이 그에게 자극이 되어주기를 간구하였다. 자녀가 겪게 되는 일들이 어떤 경우에서건 그에게 긍정적인 자극제가 되기를 소망했던 것이다.

-"그러므로 이르시기를 잠자는 자여 깨어서 죽은 자들 가운데서 일어나라 그리스도께서 너에게 비추이시리라 하셨느니라"(엡 5:14)

바울이 가리키고 있는 '잠자는 자'는 누구일까?

하나님의 자녀들 중에서 바로 살지 못하는 자를 지적한다. 그는 불신자가 아니고, 영혼이 거듭난 자이다. 성도라는 의미이다.

그가 영적으로 죽어 있는 불신자들 가운데서 일어나야 한다고 하였다. 자신이 거듭났다고 하지만 신자로서 살아가지 못하고 있는 상태이다. 그는 깨어 불신앙의 세상 속에서 빛 된 삶을 살아야 한다. 즉 성도로 세움을 받은 만큼, 예전에 소중하게 여겼던 것을 거절하고, 거룩하고, 의롭고, 선하며, 진실한 삶을 살아야 한다. 이것이 죄인의 구원이다.

하나님께서는 '상황'을 이용해서 그의 자녀들을 훈련하신다. 때로는 상황이 훌륭한 크리스천을 만들어주는 교과서가 되기도 한다. 맥아더가 자녀에게 소망하였던 '상황을 통한' 성장에 주목하자. 실제로 상황은 희망이나 절망이 아니다. 그 상황을 받아들이는 태도에 따라 희망이 되고, 절망이 되기도 한다. 우리 자녀가 '상황'에 대면하게 될 때, 분발의 기회로 삼기를 간구하자.

하나님 아버지,

미래로 나아가는 삶에 대한 축복의 말씀을 받게 하시니 감사합니다. 저희 가정에 주시는 소망의 메시지로 받습니다. 하나님은 믿는 자에게 소망의 근원이시며 소망의 유일한 대상이시라는 것을 믿습니다.

하나님의 백성에게 소망은 아버지(하나님)의 약속에 근거를 두고, 아버지께서 허락하신 미래를 확신한 가운데서 기다리는 것이라고 깨닫습니다.

오늘, 하나님은 자기의 자녀에게 '모든 기쁨과 평강을 믿음 안에서 충만케 하시는분' 이심을 믿습니다. 하나님을 아버지로 믿는 오늘, 하늘로부터 임하여 내려오는 기쁨과 평강을 마음껏 누리는 한 날로 만들어 주실 것을 기대합니다.

'성령의 능력으로' 그렇습니다. 저희들이 미래를 갖는 것은 성령의 능력으로 시작된다고 확신합니다. 성령의 능력 안에서 소망이 성취되는 것을 누리게 하시옵소서. 그 소망으로 _____(이)가 자신의 상황을 이기고, 분발하게 하시옵소서.

훈련하시는 하나님,

_____(이)에게 날마다 게으르지 않고 분발하기를 축복합니다. 오늘도 _____(이)를 향하신 하나님의 계획에 소망을 품고 앞으로 나아가게 하시옵소서.

여호와의 복된 _____에게 위엣 것을 바라보는 은혜를 주시옵소서. 성령님이 깨닫게 하심으로써 하나님의 함께 하심을 믿고 전진하는 삶이 되게 하시옵소서. _____가 하나님의 도와주심을 믿으면서 살아가기 원합니다.

맥아더가 자녀의 분발을 원하였듯이, _____(이)도 분발하는 은혜를 보게 하시옵소서. 맥아더의 자녀가 그 자신이 겪게 되는 모든 상황을 분발의 기회로 받아들였던 것처럼, _____ (이)도 그 은혜가 임하기를 간구합니다.

_____에게 하나님이 아버지시라는 것을 느끼도록 감동해 주시옵소서. 오늘을 지내면서 여러 모습의 상황들을 대하게 될 때, 하나님께 여쭙는 마음을 주시고, 그 상황들에 감정적으로 대하지 않게 하시옵소서. 그것이 전부가 아님을 분별해서 지혜롭게 대처하게 하시옵소서.

_____에게 오히려 그 상황들이 자신을 이롭게 해주는 기회로 바뀔 수 있음을 확신시켜 주시옵소서.

하나님 아버지,

기도로 하루를 시작하게 하신 오늘입니다. _____에게 새 힘을 주셔서 하루를 넉넉히 살아갈 수 있도록 역사하여 주시옵소서. _____가 만족함을 얻고, 즐거움을 누릴 때, 여호와의 이름을 높이게 하시옵소서. 하나님의 구원하심을 인하여 삶의 환희와 감격을 노래하게 하시옵소서.

예수님의 이름으로 기도드립니다. 아멘.

13일   고난의 길에서 인도되기를

**사 49:13,
하늘이여 노래하라 땅이여 기뻐하라 산들이여 즐거이 노래하라 여호와께서 그의 백성을 위로하셨은즉 그의 고난 당한 자를 긍휼히 여기실 것임이라**

맥아더에게 승리를 거두는 전략은 언제나 고난이었다. 그가 자신의 힘으로는 어찌할 수 없는 고난에 마주하게 되었을 때, 하나님의 인도하심을 바라서 바짝 엎드리는 시간은 그에게 난관을 헤쳐 나가는 비결이 되어 주었다.

자신의 밀고 나가기에는 힘이 부치는 어려움, 그 난관을 하나님의 도우심으로 극복하여 마침내는 승전의 영광을 거머쥐는 비결을 맥아더는 늘 경험하였다. 그것은 사실, 하나님의 은혜였다고 밖에 다른 것으로는 설명되지 못한다.

맥아더는 하나님의 은총을 자기의 것으로 삼고 있었다. 그래서 그는 고난이 주는 유익을 알고 있었다. 누구라도 견디기 어려워하는 고난을 받은 후에는 남들이 따라올 수 없는 군인으로 태어나는 것이다.

맥아더는 그의 자녀가 예수님을 따르는 의의 군사가 되어주기를 간구하였다. 고난의 연단으로 무장되어, 하나님 앞에 세워지기를 소망하였다.

"고난당한 것이 내게 유익이라 이로 말미암아 내가 주의 율례들을 배우게 되었나이다"(시 119:71)

하나님의 말씀을 묵상하는 중에, 다윗이 고백한다. 고난을 당한 것이 자신에게 유익이 되었다는 것이다. 고난으로 말미암아 하나님의 약속을 경험하였다는 고백이었다. 그는 고난을 겪으면서 하나님의 말씀을 어겼던 과거를 반성하고 계명을 지키게 되었다.

다윗은 많은 고난의 세월을 보내어야 하였다. 질병이나 궁핍, 대적자의 비방이나 전쟁 등의 고난을 견디어 내어야 했다. 그가 고난을 겪고 있을 때, 그 자체로는 힘든 것이었지만, 고난을 통해서 그는 하나님의 말씀을 배웠다. 하나님의 자녀가 겪게 되는 고난은 하나님의 말씀을 깨닫게 해 주고 그 말씀대로 행하도록 해준다.

이 모든 일을 깨달은 다윗은 말하기를 하나님의 말씀이 그에게 천천의 금은보다 낫다고 하였다. 하나님의 자녀에게 고난은 고난으로 그치지 않는다. 하나님께서는 고난을 당하게 하여, 그것을 겪는 과정에서 하나님의 사람으로 세워져 간다.

하나님의 자녀들에게도 십자가 군사로서의 고난의 원리가 적용될 수 있다. 어떤 도구든지 그대로 사용되지 않는다. 그것이 도구가 되기 위해서는 사용하는 사람의 손에 들려서 갈고닦아져 쓸모 있게 다듬어져야 한다.

좋은 도구는 그만큼 고난으로 다듬어졌다는 증거다. 고난을 통해 하나님의 사람으로 부족함이 없도록 세워지게 하신다.

하나님 아버지,

사람이 고난을 당할 때, 주저앉지 않게 하시고, 일어서도록 하시니 감사합니다. 하나님의 자녀에게 고난을 도약을 기회로 삼아 주시는 하나님이신 줄로 믿습니다.

여호와께서 자기 백성을 위로하시니, 그 위로는 자기 백성의 죄를 사해 주시고, 회복시켜 주심이라고 깨닫습니다. 하늘에게 노래하라고 하셨습니다. 하늘을 성가대로 삼으신 하나님께 영광을 드립니다.

죄악을 용서해 주심으로써 의를 회복하게 하셔서 하나님의 공의를 만족시키셨다고 확신합니다. 죄인이 어찌 스스로 자기의 죄를 용서받을 수 있습니까? 그리고 잃었던 의를 회복할 수 있나요? 하나님께서 죄를 용서해 주심으로써 의가 회복된 줄로 믿습니다.

하나님의 긍휼히 여기심이 오늘, 저희 가정에 있음을 고백합니다. 저희 부부와 자녀에게 하나님의 긍휼히 넘쳐서 지금의 어려움을 이겨내고, 소망으로 나아가니 찬양을 드리게 하시옵소서.

소망을 주시는 하나님,
_____에게 주 안에서 연단을 통해 소망에 이르기를 축복합니다. 의로운 고난을 감사히 받음으로 단련 후에 완성될 자신의 모습을 바라보게 하시옵소서.

오늘, _____(이)를 축복하면서 여호와 앞에서 흠이나 티가 없는 _____(이)의 모습을 바라봅니다.

_____가 하나님께 합한 사람으로 양육되도록 고난을 겪게 될 때, 참음으로 이겨내게 하시옵소서. 그리고 그가 고난을 통과할 때, 저와 저의 가정이 쓰임을 받게 하시옵소서.

하나님을 대항하는 악의 세력이 _____가 의의 사람이 되는 것을 방해할 수 있음에 긴장하여 지내는 은혜를 _____에게 주시옵소서. 시험이나 역경 이후에 완전해질 자신의 모습을 바라보는 깨달음을 주시옵소서.

사탄이 _____에게 하나님의 뜻을 이루지 못하도록 방해하려고 애매히 고난을 당하게 할 때도 더욱 여호와를 의지하게 하시옵소서. 하나님의 보시기에 _____가 고난을 통과하면 영광스러운 모습으로 만족하게 하심을 믿습니다.

전능하신 하나님,

오늘 자신의 삶이 고난이라 여겨질 때, 감사로 그 환경을 받아들이게 하시옵소서. 그 고난에서 진격하여 앞으로 나아감을 경험하도록 이끌어 주시옵소서.

_____가 자신을 바라볼 때, 하나님의 피조물임을 인정하게 하시옵소서. 그리하여 자신의 신체의 가장 작은 부분까지도 선택하여 만드셨음을 고백하는 은혜를 주시옵소서.

나아가 _____의 재능과 독특한 성격까지도 모두 하나님의 결정대로 만들어진 것임에 감사하게 하시옵소서.
예수님의 이름으로 기도드립니다. 아멘.

14일 도전정신으로 전진하기를

딤전 6:12,
믿음의 선한 싸움을 싸우라 영생을 취하라 이를 위하여 네가 부르심을 받았고 많은 증인 앞에서 선한 증언을 하였도다

맥아더는 어떻게 해서 승전의 용사가 되었을까?

그가 투철한 군인정신으로 살았기 때문에서인가?

맥아더가 남긴 일기장은 없지만 여기 저기에 흩어져 있는 그의 이야기를 보면, 하나님의 은혜였다고 확인하게 된다. 그의 가정에서는 '일전불퇴'라는 분위기가 없었다.

군인으로 평생을 보낸 그의 아버지는 후퇴를 거절하는 사람이었다. 불리한 상황에 놓이게 되면 그것을 극복하기 위해서 철저하게 노력을 하였다. 그리하여 불리한 상황을 쳐서 깨드려 그 위에 올라섰다.

그러하였던 집안의 분위기에서 그야말로 '도전정신'으로 자신을 다듬어 온 맥아더였다. 그에게 자신의 정신을 시험해 볼 수 있는 기회가 그에게 왔는데 바로 육군사관학교에서의 생도생활이었다. 그는 육군사관학교의 시절을 통해서 땅에서는 미국의 육군, 하늘에서는 십자가의 정병으로 세워졌다.

하나님께서 맥아더를 단련시켜 주셨던 그의 아들도 그러한 은혜에 들어가기를 원하였다. 그래서 자녀가 도전의 길로 인도되기를 원하는 간구를 하였다. 맥아더는 자녀가 자신과의 싸움에 의해서 인격이 완성되기를 간구하였다.

　그 싸움은 하나님의 자녀로 자라 갈 수 있기 위해서 늘 자신에게 도전하는 삶으로 이끌어지기 원하였던 것이다.

　-"믿음의 선한 싸움을 싸우라 영생을 취하라 이를 위하여 네가 부르심을 받았고"(딤전 6:12상)

　하나님의 자녀에게 믿음의 선한 싸움을 싸우라는 권면은 성도의 삶에 대한 자세를 가리키다. 이 세상은 영적인 전쟁터와 같고, 하나님의 자녀가 살아가는 현장에서는 영적인 전투가 경험되어야 한다는 것이다. 이 세상에는 우리의 믿음을 없애거나 약하게 하려는 악한 세력들이 있다.

　하나님의 자녀는 두 차원에서 전투를 경험해야 한다. 그것은 거룩함에 대하여 관심이 없는 세상의 풍조와 우리 자신 속에 있는 육신의 죄악성이다. 이것들은 하나님의 자녀를 공격한다. 영적인 전투에는 고난과 고독과 때로는 순교의 피 흘림이 있다.

　우리는 믿음의 선한 싸움을 잘 싸워서 이겨야 한다. 언제나 '싸움'은 그 자체로 우리를 두렵게 하지만, 싸움은 자신을 이기고, 적에게 이기는 기회가 된다. 하나님의 자녀는 이 세상에서 그가 거룩해지기 위해서 싸우는 만큼 의의 옷을 입게 된다.

　맥아더의 기도에 응답하신 하나님께 소망을 두고 자녀가 선한 싸움을 두려워하지 않도록 중보로 돕자. 그가 자기 자신을 향해서 싸운 이후에 다듬어질 경건함을 바라보자.

하나님 아버지,

바울이 디모데에게 권면한 말씀을 입에 넣어서 읊조리게 하시니 감사합니다. 하나님의 자녀로서 세상 속에서 이기는 삶의 비결을 배우게 하시는 줄로 믿습니다.

믿음의 선한 싸움을 싸우라는 말씀에 힘을 얻습니다. 이 싸움은 하나님께서 저에게 명령을 하셨으니, 마땅히 이기기 위해서 애를써야 하겠지요. 온갖 노력을 다 기울일 것을 권고하심이라고 깨닫습니다. 영생을 취하라, 영생을 꼭 붙잡으라고 하셨습니다.

영생은 시합에서 이긴 자가 받게 되는 상급이라고 여깁니다. 모든 싸움이 끝나고 죽음 이후에 최종적으로 하늘나라에서 얻게 되는 영광을 약속해 주신 것이라고 깨닫습니다.

"이를 위하여 네가 부르심을 입었고" 믿음의 선한 싸움을 싸우도록 하나님께서 불러 주셨다는 사실이 감격스럽습니다. 이 땅에서 지내는 동안에 영적 싸움꾼으로 살아가게 하시옵소서. 영적 전투를 경험하므로 세상을 이기고 자기를 이기게 하시옵소서.

사람을 세우시는 하나님,
_____(이)를 강한 용사로 만드시는 은혜가 있기를 축복합니다. 여호와께서 자기의 편이 되어주심을 믿고 자기에게 도전하는 삶을 살게 하시옵소서.

오늘, 여호와께 복 된 _____가 기도하는 가운데, 하나님의 자녀로 온전한 모습에의 추구에도 도전하기 원합니다.

_____에게 도전의 영을 주셔서 하나님의 이름을 위하여, 자신의 소망을 위해서 도전하게 하시옵소서. 맥아더가 자녀에게 도전에 대한 가치관을 갖기 원했던 것처럼, _____에게도 도전의 사람이 되게 하시옵소서.

앞으로 나아가는 전진을 통해서 맥아더가 하나님께 집중했던 것처럼 _____(이)에게도 '돌파'에 대한 은혜를 경험하게 하시옵소서. 자신을 향하신 여호와의 기대하심을 이루려고 힘쓰는 은혜를 주시옵소서. _____가 여호와의 깃발을 높이 들어야 한다는 사명으로 뜨거워지게 하시옵소서. 안으로는 자기 자신을 향해서, 밖으로는 불의한 일들을 대적하기 위해서 여호와의 이름을 높이 들게 하시옵소서.

목자가 되시는 하나님,

오늘, _____를 하나님 앞에서 이기는 자로 세워 주옵소서. 하나님께 그의 삶을 의탁하면서 한 가지를 더 간구하니, _____에게 성령님으로 충만하게 하시옵소서. _____는 어리고 미련해서 성령님의 인도하심이 계시지 않으면 길을 잃음을 고백합니다.

생명과 진리의 말씀이 잠시라도 _____에게서 떠나시면 죄 가운데 빠져서 헤맬 것입니다. 진리에서 떠난 곁길로 발을 두지 않게 하시며, _____(이)를 도우셔서 말씀대로 오늘 하루도 빛 가운데로 걸어가게 하시옵소서.
예수님의 이름으로 기도드립니다. 아멘.

15일   폭풍우 속에서도 용감하게

엡 4:23~24,
오직 너희의 심령이 새롭게 되어 하나님을 따라 의와 진리의 거룩함으로 지으심을 받은 새 사람을 입으라

하나님의 자녀는 세상에 대하여 용감해야 한다. 하나님의 말씀에 순종하는 삶으로 응답한다는 것은 담대함에서 출발한다. 맥아더는 하나님의 백성으로서 세상에서 살아가는 것에 늘 담대하였다.

그는 자신의 명령을 듣고 수행해야 하는 장병들 앞에서 담대함을 놓치지 않았다. 장군의 담대함은 사병들을 평안하게 해 준다. 셀 수 없이 많은 전투를 치른 맥아더는 자신이 흔들리고 있었던 것을 감추고 전투에 임할 때와 하나님께서 함께 해 주심에 대한 확신으로 나아갈 때, 따르는 병사들의 자세가 다르다는 것을 알고 있었다.

이에, 그가 전투에 임하면서 첫 번째로 챙기는 것은 담대함이었다. 먼저 자기 자신에 대하여 하나님의 부르심으로 받아들이기를 기뻐하였다. 그리고 자기가 싸워야 하는 전투에 이름을 붙이기를 '성전'이라고 명명하였다. 특히 공산주의자들과 싸워야 할 때는 이를 더욱 분명히 했다.

그는 육군사관학교에 입학을 할 때, 공산주의는 박멸해야 되는 적으로 생각하였다. 세계의 평화와 인류의 복지를 해치는 사

상이 바로 공산주의라고 여긴 것이다. 공산주의와 싸우기 위해서는 성전에 임하는 각오를 가져야 했다. 맥아더는 '살아간다는 것이 그리 호락호락하지 않음'을 아들이 알기 원하였다.

삶이라는 인생의 바다를 항해하려면 그 바다만 큼의 담대함을 갖추어야 한다고 생각하였다.

-"너희는 강하고 담대하라 두려워하지 말라 그들 앞에서 떨지 말라"(신 31:6상)

하나님의 자녀에게 요구되는 은혜의 자세는 담대함이다. 사탄의 궤계에 대하여 대적을 해야 하며, 자신의 옛사람, 죄의 성품과 마주하여 싸워야 하는 성도에게 담대함은 '신망애'와 더불어 필수적이다. 만일, 하나님의 백성이 강하고 담대하지 못하면 우리는 불신앙과 죄악과 타협하고 변절하고 실패할 것이다.

우리는 담대한 믿음으로 천국을 기업으로 얻음에 이르러야 한다. 우리는 하나님의 아들 예수를 믿는 믿음으로 세상을 이기도록 해주시겠다는 약속을 받았다. 하나님께서는 자기 백성들을 원수들에게서 보호하시고, 그를 물리치도록 하신다.

맥아더는 자신의 아들이 삶(life)이란 낱말이 짧다고 해서 쉽게 덤벼들어서는 안 된다는 것을 깨닫도록 간구하였다. 더욱이 그의 자녀는 여호와 앞에서 살아야 하였다. 악의 유혹이 풍랑이 되어 그를 덮치는 세상에서 경건하게 산다는 것은 하나님의 은혜로만 가능한 것이다.

하나님 아버지,

오늘도 하나님의 말씀, 생명의 언약으로 한 날을 지내게 하시니 감사합니다. 말씀으로 자녀를 축복하게 하시는 줄로 믿습니다.

'너희의 심령이 새롭게 되어'라고 축복해 주심에 감사합니다.

하나님이 영이 성도에게 마음을 새롭게 한다고 확신합니다.

성령님께서 사람의 심령에 새로움을 주시니, 삶을 새롭게 시작하게 하시옵소서. 인생이 누구입니까?

하나님의 영으로 지음을 받았다고 확신합니다. 죄로 말미암아 잃어버렸던 하나님의 형상을 다시 살려 주셨으니, 하나님을 닮아 지내기를 원하게 하시옵소서.

회복의 은총을 받은 자로서 하나님의 형상을 삶에서 나타내게 하시옵소서.

사랑하는 _____가 하나님의 형상을 닮으려 할 때, 성령으로 충만하게 하심을 믿습니다. 그의 생각과 마음이 날마다 하나님을 닮아가게 하시옵소서. 이로써 세상에서 그리스도의 은총을 받은 자로 세워지게 하시옵소서.

용기를 주시는 하나님,

_____가 여호와의 깃발을 의지하여 앞으로 나아가기를 축복합니다. 죄악의 세상에서 그를 두렵게 하는 일들이 많으나 넉넉히 이기게 하시옵소서. 오늘, 성령님의 강한 권고로 _____에게 담대함을 주시옵소서. 그가 하나님의 자녀로서 불의에 대적하고,

여호와의 영광을 탈취하려는 음모를 물리치게 하시옵소서.

주변의 친구들이 저를 두렵게 할지라도 오만한 자리를 거절하는 용기를 주시옵소서. 어두움을 모의하는 세력에 맞서 두려움 없이 싸울 수 있는 은혜를 주시옵소서. 혹시 그런 일이 고통스러울지라도 주님의 십자가를 보고 견디게 하시옵소서.

_____에게 만물을 창조하시고 섭리하시는 하나님을 찬양하는 은혜를 주시옵소서. 찬양 중에서 여호와와 함께 하심을 누리게 하시고, 하나님께서 _____(이)의 편이 되어주심에 대한 확신을 갖게 하시옵소서.

자비로우신 하나님,

오늘도 하나님의 자녀로서 하루의 삶을 살게 하시옵소서. 그의 심령을 새롭게 하여 하나님께 집중하게 하시옵소서. 하나님의 영으로 인도를 받는 삶이 되게 하시옵소서. 말씀 안에서 좌로나 우로나 치우치지 않게 하는 _____(이)가 되게 하시옵소서.

_____가 세상에 대하여 두려워하지 않도록 성령님께 붙들리기 원합니다. 성령님의 충만하심으로 자신의 자리를 지키게 하시옵소서. 또한 게으르지 말고 공부에 최선을 다하게 하시옵소서.

무엇보다도 먼저 열심을 품고 주님을 섬기게 하시옵소서. 이로써 하나님의 자녀답게 한 날을 지내게 하시옵소서. 그리하여 오늘 이 삶의 기도와 간구가 되어 하나님께 드리게 하시옵소서. 예수님의 이름으로 기도드립니다. 아멘.

16일 패자를 불쌍히 여기는 가슴

눅 10:34,
가까이 가서 기름과 포도주를 그 상처에 붓고 싸매고 자기 짐승에 태워 주막으로 데리고 가서 돌보아 주니라

어린 시절에, 맥아더는 하나님의 긍휼을 경험한 은혜가 있었다. 아버지와 어머니가 이웃을 대하는데, 성경적으로 그들을 섬기는 것을 보면서 자랐던 것이다. 맥아더의 부모는 가정을 예배하는 처소로 세워나갔고, 가족을 교회처럼 여겼다.

어린 맥아더는 부모가 하나님의 말씀에 순종하는 것을 늘 볼 수 있었다. 하나님의 사랑으로 이웃에게 손을 펴고, 안타까운 사람에게는 온 마음으로 섬기는 것도 경험하였다.

부모의 그러한 삶은 맥아더로 하여금 장병들에게 긍휼을 베풀도록 하였다. 안타깝게도 장병들 중에는 특별히 마음을 주고, 베풀어야만 비로소 세워질 수 있는 이들이 있었다. 어린 병사들은 연약해서 개인적으로 돌보지 않으면 낙오되기 십상이었다.

훈련을 마치고 갓 배치된 장병에게는 아버지와 같은 심정이 되어, 돌보아 주었다. 전쟁터에서의 어린 병사들은 챙겨주어야 할 것들이 많았다. 어느 경우에는 그들의 실수를 자신의 몸으로 대신해야 하기도 했다. 그래야만 큰 사고로 이어지지 않기 때문에서다. 그는 부하 장병들을 대하면서 하나님의 긍휼을 체험해 나갔다.

만일, 우리에게 긍휼이 없다면, 하나님의 사랑이 우리에게 없다는 증거가 된다. 맥아더는 전쟁터에서 승리를 경험하는 한편, 적군이지만 패자의 아픔도 볼 수 있었다. 그는 전쟁에서는 이긴 후에 하나님의 사랑으로 패자에게 손을 내미는 장군이었다. 인생이라는 전쟁터에는 승리하였을 때, 패자가 겪어야 하는 아픔을 어루만져 줄 수 있어야 한다.

　맥아더는 자녀에게 여호와의 긍휼 하심이 있기를 간구하였다. 악에 대하여서는 용감히 대적하지만, 사람들에 대하여서는 여호와의 긍휼로 다가가야 한다. 여기에서 그는 하나님이 사랑이심을 세상에 드러내게 되는 것이다.
　-"긍휼을 행하지 아니하는 자에게는 긍휼 없는 심판이 있으리라 긍휼은 심판을 이기고 자랑하느니라"(약 2:13)
　인생을 향하신 하나님의 긍휼은 죄인을 향하신 공의의 심판을 이기고 우리를 지옥 형벌에서 건져내셨다. 하나님의 자녀는 하나님의 긍휼을 받았기 때문에, 우리에게는 긍휼의 심판을 있게 될 것이다.
　하나님의 자녀는 이웃에 대하여, 특히 가난한 자들에 대해 긍휼의 마음, 사랑의 마음으로 섬겨야 할 것이다. 그러므로 사람을 대할 때, 그가 신자이든 불신자이든 외모로 대하지 말아야 한다. 사람을 외모로 대한다면 이웃을 네 몸과 같이 사랑하라는 하나님의 최고의 법을 어김이 된다. 오직 긍휼로 대접을 해야 한다.

하나님 아버지,

사마리아인이 여행을 하던 중에 강도를 만나 거의 죽게 된 사람을 돌보아 주었다는 말씀을 받게 하십니다. 사마리아 사람은 주님을 상징한 모습으로 우리가 본받아 따라야 할 돌봄이라고 믿습니다. 유대의 지도자들로 불리었던 제사장, 레위 사람은 불쌍히 여겨야 될 사람을 지나쳐 갔는데, 사마리아 사람이 그를 불쌍히 여겼다는 것에 감격합니다. 그 사람은 여행 중에 있어서 바빴을 것인데, 자신이 길을 멈추고 그를 돌보았다는 것을 생각해 봅니다.

그는 자신의 기름과 포도주를 상처에 붓고, 싸매어주었다고 했습니다. 우리 주님께서 죄인으로 죽어가는 인생에게 보혈의 피를 흘려주셨음을 묵상하도록 합니다. 그리고 그를 주막으로 데려가서 밤새 돌보았다고 했습니다.

살아가다 보면 언제나 돌아보아야 될 이들을 보게 되거나 알게 됩니다. 거의 죽게 되어서 자신의 힘만으로는 일어설 수 없는 사람에게는 돌아보게 하시옵소서. 어려움에 빠진 자를 돕게 하시옵소서.

긍휼의 하나님,

여호와의 불쌍히 여기심이 오늘, _____(이)의 가슴을 뜨겁게 하기를 축복합니다. 그에게 하나님의 자비로움을 충만히 채워 주시옵소서. 하나님의 긍휼로 _____가 이웃에게로 마음을 주는 은혜를 보게 하시옵소서.

맥아더가 자녀의 긍휼을 위해서 간구했던 경건을 저도 품게 하시옵소서. 하나님께 존귀한 _____를 축복합니다. _____에게 오늘을 지내면서 긍휼히 여기는 마음을 주시기를 원합니다. 그리하여 실패한 친구들에 대하여 불쌍히 여기게 하시옵소서.

살아가는 과정 속에서 승자가 있다면, 패자가 있는 만큼 패자를 가엾게 여기는 _____가 되게 하시옵소서.

하나님의 은혜로 _____에게 승자의 기쁨을 안겨 주셨을 때, _____가 져서 낙심에 처해있는 친구들을 보는 마음을 주시옵소서. _____가 지금은 일시적으로 실패의 쓰라림에 힘들어하는 친구에게 주님의 위로로 다가가게 하시옵소서.

위로해 주시는 하나님,
_____(이)가 주님께서 패자의 슬픔을 위로해 주심을 믿으면서 자신의 주변에서 만나게 되는 패자에게 하나님의 사랑을 전하게 하시옵소서. 혹시 _____가 남들과 겨루는 경쟁에서 이겼을지라도 승리의 기쁨에만 도취되지 않고, 져서 힘들어하는 이도 바라볼 수 있는 마음을 주시옵소서.

만물을 새롭게 하시는 하나님, 더욱 간구하오니, _____(이)가 이 한 날을 지낼 때, 어제와는 다른 은혜를 경험하게 하시옵소서. 그래서 _____에게 자신을 유혹해 오는 죄의 모습들을 거절하게 하시며, 원한과 분노의 쓴 뿌리를 씹지 않도록 하시옵소서. 예수님의 이름으로 기도드립니다. 아멘.

17일 이런 사람으로 자라기를 원함

**롬 12:2,
너희는 이 세대를 본받지 말고 오직 마음을 새롭게 함으로 변화를 받아 하나님의 선하시고 기뻐하시고 온전하신 뜻이 무엇인지 분별하도록 하라**

맥아더가 자라면서 주목하게 된 단어가 있는데, '하나님이 사람'이었다. 어린 시절에 그가 가정에서 경험했던 것도 '하나님의 사람'이었다. 조부모로 시작하여, 부모와 식구들은 하나님께 드려진 삶으로 살아가고 있었다. 그래서 맥아더도 자연스럽게 '하나님의 사람'이라는 단어를 자기 인생의 주제어로 삼았다.

맥아더의 가정에서는 가정 예배의 시간이 있었는데, 예배를 마치게 될 시간에 그들은 주님의 기도를 드렸다. 맥아더는 식구들과 함께 "나라이 임하옵시며"라는 간구를 할 때, 자기의 집이 바로 하나님의 나라라는 감동을 받곤 하였다.

하나님을 사랑하며, 하나님께 충성된 삶을 약속하는 가족, 그들이 바로 하나님의 백성이며, 그곳이 하나님이 나라였다. 그러한 생각은 훗날에, 공산주의를 대적해야 될 사상으로 여기게 하였다. 그에 따르면 공산주의를 박멸하는 것이 하나님의 나라를 이룸이다.

그런 사상으로 성장한 맥아더는 자신을 하나님의 백성으로 드리면서 살았다. 그의 이러한 삶은 하나님의 은총이었다. 맥아더는 자신이 하나님께 소유가 된 사람으로 살아가는 것처럼 아들 또한 그렇게 살아가기를 원하였다. 그리하여 아들을 '이런 사람' 곧 하나님 앞에서 세워질 수 있는 사람으로 키울 의무를 깨닫고 있었다. 그는 자녀를 생각할 때, 자녀의 뒤에 서 계시는 여호와를 보았다. 그는 하나님의 사람으로 자라야 할 자녀에게 어떻게 해야 할지를 늘 하나님께 물었다. 그리고 자녀가 여호와 앞에서 자라 가도록 간구하였다.

-"초저녁에 일어나 부르짖을지어다 네 마음을 주의 얼굴 앞에 물 쏟듯 할지어다 각 길 어귀에서 주려 기진한 네 어린 자녀들의 생명을 위하여 주를 향하여 손을 들지어다 하였도다"
(애 2:19)

어린 자녀는 부모에게 기도이다. 하나님께서는 부모의 기도에 응답을 하심으로써 그의 어린 자녀를 키우신다. 유다가 멸망하여 예루살렘의 참상이 심하게 되었을 때, "각 길 어귀에서 주려 기진한" 어린 자녀를 위하여 손을 들라고 하셨다.

당시에, 예루살렘의 부모는 하나님을 향하여 손을 들어야 하였다. 하나님께서는 부모가 손을 들어 간절히 구할 때, 들으시고 응답하신다.

하나님께서 맥아더에게 자녀를 위하여 간구하는 영을 주셨듯이 우리에게도 주셨다. 우리는 성령님의 인도하심에 따라 자녀를 위해 간구해야 한다. 부모의 첫째 과제는 자녀를 위하여 두 손을 드는 것이다.

하나님 아버지,

천국 백성으로서 이 땅에서 지낼 때, 거절해야 될 것과 챙겨야 할 것에 대하여 배우게 하시니 감사합니다. 바울이 로마의 성도들에게 보낸 말씀이지만 오늘, 저에게 주시는 권면으로 받게 하시옵소서.

먼저, 이 세대를 본받지 말라는 말씀을 받게 하시옵소서. 공중의 권세를 잡은 자가 다스리는 악한 세대의 풍조를 따르지 말라 하심인 줄로 믿습니다. 이 세대는 주님의 통치 아래 있는 하나님 나라의 적대 세력을 의미할 뿐이라고 생각합니다.

또한, 변화를 받으라는 말씀을 받게 하시옵소서. 마음의 새로움으로써 날마다 자신을 변화에 이르게 하는 것이라고 깨닫습니다. 성령님의 강권하심에 의해서 마음을 새롭게 해야 한다고 확신합니다. 이로써 하나님의 뜻을 분별하라고 하셨습니다. 원하시는 하나님의 뜻을 분별해서 그렇게 살라 하심이라고 확신합니다. 저희 부부와 자녀에게 하나님의 뜻을 이루어 나가기를 기도하게 하시옵소서.

자녀를 주신 하나님,

_____가 하나님의 사람으로 자라기를 축복합니다. 그가 하나님의 계획하신 바에 따라 사는 인생이 되게 하시옵소서. 사랑하는 _____에게 하나님께 합한 심령이 되게 하시옵소서. 그리하여 시온에서 복을 받으며 예루살렘의 번영을 보는 은혜를 즐기는

삶의 길을 가게 하시옵소서. 좋으신 하나님, 여호와의 계획은 저의 가정에서 _____가 자라도록 하셨으니, 그를 하늘에 속한 사람으로 키우게 하시옵소서. _____(이)를 저의 기도와 가르침을 통해서 온전한 사람으로 키워내도록 은혜를 주시옵소서.

맥아더가 자기의 자녀에 대하여 하나님의 사람으로 양육되기를 원하였듯이, _____도 성령님의 충만하심에 따라 하나님 앞에서 자라기를 소망합니다. _____가 성도로서 올바르게 양육되도록 경건의 본을 보이는 자가 되게 하시옵소서.

여호와 앞에서 복된 _____가 천국 일군으로 성장하도록 인도해 주시옵소서. 여호와를 경외하는 은혜 속에서 지혜와 지각에 풍성하게 하시옵소서.

은혜로우신 하나님,

오늘, _____에게 하나님께서 복을 내려 주시는 날로 삼게 하시옵소서. 하나님 앞에서 오직 내려주시는 은혜를 누리는 한 날로 지내게 하시옵소서. 이로써 여호와의 말씀으로 하루를 살아가는 은혜를 경험하게 하시옵소서.

_____가 경험하는 일들을 통해서 하나님의 말씀을 묵상하고, 그 말씀에 반응하도록 하시옵소서. 공부를 하는 수업시간에, 친구들과 대화를 할 때, 순간순간을 성령님의 인도하심에 반응하는 민감함을 주시옵소서.

예수님의 이름으로 기도드립니다. 아멘.

18일 자신의 마음이 깨끗한 자녀

약 4:8,
하나님을 가까이하라 그리하면 너희를 가까이하시리라 죄인들아 손을 깨끗이 하라 두 마음을 품은 자들아 마음을 성결하게 하라

 기독교 신앙의 가정에서 자라면서 맥아더가 스스로 체험한 생활은 청빈이었다. 가질 수 있었지만 많이 가지려 하지 않았고, 자신이 독차지를 해서 누릴 수 있었으나 그러하지 않았다. 그의 이러한 청빈은 가족 모두가 그렇게 지낸 영향이다.
 대부분의 신자들이 주일에 교회에 가서 예배하고, 성경을 읽으며 설교를 듣는 것으로 그친다면, 맥아더의 가정에서는 한 가지가 더 있었다. 예배하였기 때문에 말씀을 나누고, 성경을 읽었기 때문에 그 말씀에 순종하려했고 그리고 설교를 들었기에 그것을 실천하려 하였다.

 이러한 분위기에서의 성장은 자연스럽게 맥아더의 삶을 행함으로 자신의 신앙을 표현하도록 하였다. 하나님이 말씀에 순종함으로써 가까이 머물도록 하는 것, 그것을 신앙의 기준으로 삼은 것이다. 크리스천의 삶은 스스로 선택하는 것이다.
 그가 전투에 임할 때마다 기도할 수 있도록 한 영적인 능력은 그가 하나님께 가까이하였기 때문이었다. 하나님을 가까이하였기 때문에, 전투의 현장에서 하나님의 도우심과 동행을 요청 할 수 있었다.

하나님을 가까이 하는 비결은 그의 심령의 가난함이었다. 심령이 가난한 자는 구원의 길에 들어선 성도의 모습이다. 누구든지 심령이 가난하지 않으면 믿음의 길에 들어설 수 없다. 심령의 가난은 하나님의 은혜요, 은혜받은 자의 모습이다.
　심령이 가난한 자는 하나님의 은혜로 천국의 소유자가 된다. 그러므로 마음이 깨끗할 때, 복되다고 말할 수 있다. 믿음은 깨끗한 마음, 가난한 심령에서 시작된다. 겸비한 자만이 하나님을 두려워하고 그를 믿고 그를 따를 수 있다. 맥아더는 자녀가 가난한 심령으로 여호와 앞에 서기를 간구하였다.
　-"그런즉 사랑하는 자들아 이 약속을 가진 우리는 하나님을 두려워하는 가운데서 거룩함을 온전히 이루어 육과 영의 온갖 더러운 것에서 자신을 깨끗하게 하자"(고후 7:1)

　사람(자연인)의 자녀는 자신을 낳아준 부모를 닮아가며 성장한다. 하나님께서 그의 자녀에게 원하시는 것은 하나님의 거룩하심을 닮으라는 것이다. 거룩함을 닮음으로써 '아들과 아버지'의 관계가 증명이 된다.
　성도에게 '거룩함을 온전히 이루라'는 것은 이 땅에서 살아가는 동안에 우리가 완성해야 될 성화의 목표를 가리킨다. 하나님 앞에서 옛사람의 죄인이었던 모습을 거절하고, 새사람으로서 깨끗함을 성취하는 것이다. 구원받은 성도의 삶은 자신이 온전히 거룩함이다.

하나님 아버지,

사도 야고보의 권면을 저희 가정에 주시는 말씀으로 받게 하시니 감사합니다. 맥아더의 가정이 거룩한 분위기였던 것처럼 저희 가정을 하나님께 성소로 올려드리게 하심을 믿습니다.

오늘, 야고보의 축복을 저희 것으로 삼게 하시옵소서.

1. 하나님을 가까이하기를 원합니다. 성도가 하나님께 가까이 나아가는 것은 자녀로서의 은혜라고 생각합니다. 우리는 하나님께 나아감으로써 쾌락을 즐기는 자들로부터 거룩하게 구별을 짓게 된다고 깨닫습니다. 하나님께서 가까이해주신다는 약속에 감사합니다.

2. 손을 깨끗이 하기를 원합니다. 이제는 죄가 습관이 되어 있어서 그 행실로부터 자기를 거룩하게 함이 은혜라고 여깁니다. 하나님을 사랑하며, 동시에 세상의 쾌락도 좇는 무감각의 삶에서 구별하게 하시옵소서.

3. 마음을 성결하게 하기를 원합니다. 하나님을 가까이하려는 것을 지키기를 원합니다. 하나님의 자녀다운 합당한 삶을 영위하도록 하시옵소서.

하늘의 하나님,

오늘, _____에게 마음의 가난함으로 지내는 은혜가 있기를 축복합니다. 여호와께 손이 깨끗하다 인정을 받아 은혜와 복을 누리게 하시옵소서. 맥아더의 자녀가 여호와 앞에서 깨끗하기를 기도했던 마음으로 _____(이)를 바라봅니다. 맥아더의 자녀사랑이 저에게도 있어 _____(이)를 사랑하게 하시옵소서. 그 사랑으로 _____에게도 성결에의 은혜를 주시기를 간구하니 깨끗하게 하시옵소서. _____(이)의 마음이 여호와의 거룩함을 사모하게 하시옵소서.

_____가 생각이나 말로 자신의 성결함에 민감하게 하시옵소서. 이로써 죄악 된 세상의 풍조에 물들지 않고, 거룩함을 사모하게 하시옵소서. _____가 자신의 성결을 위해서 하나님의 말씀을 가까이하게 하시옵소서. 날마다 성경을 애독하고, 말씀으로 자신을 만들어 가게 하시옵소서. 말씀의 진리 안에서 성경의 기쁨을 간직하게 하시옵소서.

아버지로 함께 해주시는 하나님,
_____에게 여호와 앞에서 두 손을 드는 은혜를 주시옵소서. 하나님께 나아갈 때, 자신의 마음과 행실을 돌아보게 하시옵소서. 그리하여 죄가 된 것들이 발견되면 회개하게 하시옵소서. 만일 더러우면 하나님께서 함께 하지 않음을 두려워하게 하시옵소서.
_____에게 자신의 생각이나 계획을 여호와께 내려놓은 은혜를 누리게 하시옵소서. 자기의 욕망에 자신을 내어주거나 불의한 일에 손을 담그지 않게 하시옵소서. "너희 지체를 불의의 병기로 죄에게 드리지 말라"는 말씀을 잊지 않게 하시옵소서.
예수님의 이름으로 기도드립니다. 아멘.

19일 높은 이상을 품은 자녀

마 6:33,
그런즉 너희는 먼저 그의 나라와 그의 의를 구하라 그리하면 이 모든 것을 너희에게 더하시리라

하나님께서는 우리를 사용하셔서 하늘의 뜻이 이 땅에서 이루어지도록 하셨다. 맥아더는 하나님께서 주시는 깨달음으로, 또한 부모의 영향으로 하나님 나라의 백성에 대한 생각을 품고 지냈다. 자신이 하나님의 자녀라면 당연히 하나님의 나라를 구해야 한다는 결심을 자기의 것으로 삼았다.
맥아더를 세상 속에 있는 한 종교에 속한 사람으로 생각한다면 그를 지나친 사람으로 여길 수도 있으리라. 그러나 맥아더는 자기를 하나님께 드려진 신분으로 지내기를 좋아하였다. 이 땅에서 지내는 동안에 하늘에 속한 사람으로 살아가는 것에 주목 하였던 것이다.

하나님께서는 그의 이러한 삶을 기뻐하셨다. 그리하여 그가 자신의 삶을 통해서 하나님의 청지기로 살아가도록 하나님께서 그에게 동업자가 되어주셨다. 우리는 하나님의 영광을 위해서 자신의 삶을 사용해야 하는 청지기로 부름을 받고 있다. 우리는 여호와 앞에서 '오늘'만이 아니라 '영원'한 삶을 살도록 부름을 받았다. 우리는 하나님의 후사이며, 그리스도와 함께 한 후사가 되었으니, 영원을 추구해야 한다.

맥아더는 아들이 하나님의 나라에 이상을 품기를 간구하였다. 그러므로 그의 자녀도 주님의 청지기로 자라기를 원하였다. 하늘의 일을 사모하라고 부름을 받았다.

-"나라가 임하시오며 뜻이 하늘에서 이루어진 것 같이 땅에서도 이루어지이다"(마 6:10)

어떤 사람이 하늘에 속하였는가? 땅의 일을 거절하고 하늘의 일을 선택한 사람이다. 그의 심령이 영에 속해 있는 경우를 가리킨다. '뜻이 이루어지이다'에서 그 뜻은 하나님의 뜻을 말한다.

세계사는 하나님의 역사이다. 지금도 창세전에 그가 뜻하신 바를 역사 속에서 다 이루신다. 오늘날, 하나님의 뜻의 성취는 하나님의 자녀가 하나님을 사랑함이라는 순종으로 이루어진다.

이 땅에서 살아갔던 신실한 성도들은 하나님을 사랑하였다. 그들이 하나님의 말씀에 순종하였던 것같이, 오늘의 우리에게 요구되는 것은 하나님 아버지의 뜻에 순종이다. 이로써 하나님의 뜻이 이 땅에서 성취된다.

-하나님의 뜻이 성취되는 것을 자신의 이상으로 삼으라!

맥아더는 아들의 이름에 '하나님의 백성'이라는 칭호가 붙여지기를 원하였다. 그렇다면 그는 당연히 하나님의 나라가 되어야 하였다. 그러므로 자녀가 하나님이 나라가 되기를 간구하였다. 이미 하늘에서 성취된 하나님의 뜻을 이루어드리는 이상을 품기를 원하였다.

하나님 아버지

백성이라는 것은 나라에 속해 있음을 고백하는 것이라고 생각합니다. 저희 가정에 하나님의 뜻을 이루어드리고자 하는 소원을 주시니 감사합니다. 오늘, 하나님의 뜻을 구하게 하시옵소서.

주님께서 하나님의 나라를 구하라고 하셨습니다. 하나님의 구원의 통치, 그리고 주님에 의해서 이미 시작된 메시아적 왕국, 그 나라의 완성을 고대하며 하나님의 영광을 사모하라는 뜻인 줄로 믿습니다. 또한 하나님의 의를 구하라고 하셨습니다. 하나님의 뜻에 온전히 복종하는 가운데 하나님과의 내적인 바른 관계를 지니라는 의미로 받아들입니다. 주안에서 지내면서 외식을 피하고, 은밀한 중에 보시는 아버지를 염두에 두고 착한 행실을 구하라는 명령으로 믿습니다.

-하나님 중심으로 살아가기를 바라게 하시옵소서.
-하나님을 영화롭게 해드림에 삶의 초점을 두게 하시옵소서.
이로써 모든 것에 더해주시는 복을 누리게 하시옵소서.

꿈의 하나님,
_____가 여호와 계획하심에 따라 생애의 비전을 갖기를 축복합니다. 하나님의 나라에 이상으로 그의 가슴을 뜨겁게 하시옵소서. 맥아더의 자녀가 하나님 앞에서 청지기로 살았듯이, _____에게도 자신을 청지기로 살게 하시옵소서. 자신의 삶이 여호와의 뜻을 이루어드리는 것이어야 함을 깨닫게 되는 은혜를 주시옵소서.

이 땅에서 어떤 모습으로 살 것인가에만 마음을 빼앗기지 않게 하시옵소서. 사람보다는 하나님 앞에서 사는 것을 생각하게 하시옵소서. 하나님의 뜻이 하늘에서 이루어진다는 것을 믿고, 그 뜻이 땅에서 이루어짐에 자신이 쓰여질 것을 기대하게 하시옵소서. _____가 오늘, 생애의 목표에 대하여 생각할 때, 성경을 찾게 하시옵소서. 성경을 읽어 지혜와 명철을 얻게 하시옵소서. 그래서 하늘에서 이루어진 하나님의 뜻이 이 땅에서 이루어지는 이상을 갖게 하시옵소서.

　　소망을 주시는 하나님,
_____가 이루어드려야 할 하나님의 일이 있음을 믿습니다. 죄로 물든 세상에서 그가 해야 될 일들을 찾게 하시옵소서. 하나님의 뜻이 선포되어야 하는 세상을 보게 하시옵소서. 학교에서 여러 애들과 지낼 때, 어두움의 일들을 보거든 대적하게 하시옵소서. _____에게 여호와를 의지하는 담대함으로 지내게 하옵소서.
　　오늘, 공부를 비롯해서 그가 경험하게 되는 모든 일들을 대할 때, 두려움을 물리쳐 주시옵소서. 그리고 공부를 통해서 자신이 하나님의 나라에 역군으로 세워져야 하는 거룩한 소명을 느끼게 하시옵소서. 하나님께서 함께 해주심을 믿고, 사랑 안에는 두려움이 없다 하셨으니, 자신이 해야 되는 일들을 사랑하게 하시옵소서. 자신의 인생을 하나님께 드리게 하시옵소서.
예수님의 이름으로 기도드립니다. 아멘.

20일 자기 자신을 먼저 다스리는 자녀

**고전 9:27,
내가 내 몸을 쳐 복종하게 함은 내가 남에게 전파한 후에 자신이 도리어 버림을 당할까 두려워함이로다**

맥아더는 자기 자신을 크리스천으로 살아가도록 하는 것은 자기에 대한 다스림으로 빚어진다고 믿었다. 그는 신임장교 시절에 부하들과의 갈등을 겪으면서 비로소 인간관계의 진리를 깨달았다.

그가 육군사관학교를 졸업하고, 장교로 임관한 후에 그를 어렵게 한 것은 '신임장교'로서 장병들과의 관계였다. 장교로서의 리더십을 탁월하게 발휘하여 병사들을 이끌어야 했는데, 그들과의 관계에서 자기를 나타내게 되어 고민을 하였다.

리더십은 큰 목소리에서 나오는 것이 아니고, 장병들을 고압적으로 통솔하는 데서 인정받는 것이 아님에도 그는 그러하지 못하였다. 이때, 맥아더가 자신에게서 발견한 것은 자기의 죄성이었다. 죄성이 자기를 다스리지 못하게 하여 부하들과의 관계에서 갈등을 초래하게 되고, 신임자의 어리석음만 노출할 뿐이었다.

장교의 권위는 계급장에서 나오지 않음을 깨닫게 되자 그는 자기를 치는 시간을 갖게 되었다. 부하들을 사랑하고 섬기는 삶을 훈련하기 시작하였다. 그렇게 하자 죄성이 밖으로 튀어나오지 않게 되었다. 사람의 인격은 자신을 다스림에서 빚어진다.

남과의 싸움에서는 힘과 용맹함이 더해지지만, 자신과의 싸움에서는 고상한 인격이 다듬어진다. 맥아더는 자녀에게 여호와의 다스리심으로 말미암아 자신을 남들과 같이 하며, 그들보다 자기를 낮은 데로 두려고 하는 은혜가 임하기를 간구하였다.

-"서로 마음을 같이하며 높은 데 마음을 두지 말고 도리어 낮은 데 처하며 스스로 지혜 있는 체하지 말라"(롬 12:16)

자신을 남들보다 낮게 여기는 겸손은 하나님께로 이르는 길을 닦아준다. 자기를 낮게 여길 때, 형제들을 존경하게 되고, 그들과 더불어 공동체를 유지하게 된다. 이것이 바로 하나님께서 축복하시는 마음이다. 그러므로 겸손히 마음을 같이하고 마음을 높은 데 두지 말고 낮은 데 두어야 한다.

마음을 높은 데 두지 않고 낮은 자들과 함께 처신할 줄 아는 자들은 하나님의 진리를 깨달은 자일 것이다. 이러한 사람은 큰 일만을 구하지 않고 지극히 작은 일에 충성함에 이른다. 옛사람에게 있는 죄악의 성품(죄성)은 남을 다스리려 한다.

남들 앞에서 우쭐대고, 남을 부리려 한다. 새 사람이 되어서 죽어야 하는 옛 성품은 남을 지배하려는 탐욕이다. 우리는 성령님 앞에서 자신을 쳐 복종시키는 은혜를 구해야 한다. 자녀가 이웃을 대할 때마다 그들 앞에서 자신을 낮추기를 소망하여 중보하자.

하나님 아버지,

전도자의 삶에 대한 바울의 각오, 그 거룩함을 대하게 하시니 감사합니다. 하나님께 종이 되기를 원하였던 맥아더의 품성에 주신 말씀으로 도전을 받게 하시옵소서. 하나님께 철저하게 복종되어야 비로소 종이라 부를 수 있음을 믿습니다.

간절히 원하니, 몸을 치는 고난이 달게 여겨지게 하시옵소서. 아직도 떠나지 못하고 뭉기고 있는 세속적인 마음을 치게 하시옵소서. 육체적인(더러운) 욕구를 제거하게 하시옵소서. 전쟁 영화에서, 승자가 패자를 노예로 삼으려고 끌고 오는 것을 봅니다.

자신의 몸을 쳐 주님께 패배시키기를 원합니다. 그리하여 주님의 종이 되어 복종하게 하시옵소서. 저희 가정은 주님께 복종되기를 원합니다.

진실로 저를 두렵게 하는 것은 하나님께로부터 버림을 당할까 하는 것입니다. 지금, 주님을 믿고 있다는 것만으로 다 된 줄로 생각하지 말고 두려워하게 하시옵소서. 그리하여 늘 자신을 쳐서 복종하게 하시옵소서.

교만을 물리치시는 하나님,
_____에게 자기를 돌아보고, 그만큼 겸손해지는 은혜를 보게 하시옵소서. 오늘, _____(이)도 맥아더의 자녀가 교만치 않고 겸손하여 받은 은혜를 자신의 것으로 삼게 하시옵소서.

여호와께 복스럽기 위해서 언제나 자기를 다스리는 삶을 경험하게 하시옵소서. 성령님의 충만하심을 통해서 _____가 자신의 부족함을 보게 하시고, 다스리도록 이끌어 주시옵소서.

_____에게 하나님의 말씀에 의해서 자신을 돌아보아 다스리는 은혜를 주시옵소서. _____가 오늘, 하나님 앞에서 지내는 시간에, 자신의 부족한 것을 깨달아 알게 하시옵소서. 하나님께서 이끌어 주시고, 도와주실 때, 하나님이 나라에 일꾼으로 쓰임 받음을 확신하게 하시옵소서.

_____가 하나님의 자녀로 세움을 받기에 훈련해야 되는 덕목을 배우게 하시옵소서. 경건에 이르기를 연습하고, 주님의 온전하심을 닮아가는 은혜를 내려 주시옵소서.

사랑의 주 하나님,

_____가 성령님께 자기를 드려 복종하기를 좋아하게 하시옵소서. 성령님께서 그를 지배해 주시옵소서. 하나님께서 미워하시는 오만한 자리에 앉지 않도록 자신을 다스리기 원합니다.

_____가 교만한 말과 행동을 하지 않기 원합니다. _____(이)를 위해서 한 가지 더 구하오니, 성령님의 충만하심에 인도되어서 성실함으로 자신의 삶에 열심을 나하게 하시옵소서.

오늘, _____가 시간의 청지기로서 게으르거나 낭비를 하지 않고, 성실히 보내게 하시옵소서. 집에서는 자녀, 학교에서는 학생, 주님 앞에서는 제자로서의 삶이 되게 하시옵소서.
예수님의 이름으로 기도드립니다. 아멘.

21일 미래를 향해 전진하는 자녀

**창 12:1,
여호와께서 아브람에게 이르시되 너는 너의 고향과 친척과 아버지의 집을 떠나 내가 네게 보여 줄 땅으로 가라**

미국은 어떤 나라인가?

신앙의 자유를 찾아 유럽에서 배 한 척을 타고 온 사람들에 의해 세워진 나라였다. 우리는 이들을 청교도라 부르는데, 맥아더의 조상은 바로 청교도였다. 그들은 하나님을 바로 믿으려는 것에 목숨을 걸고 항해를 하였던 사람들이다.

맥아더는 청교도의 후예답게 하나님을 믿으려 하였다. 그에게 삶의 교과서는 오직 성경이었다. 그는 성경을 가까이하였고, 성경의 말씀을 지키며 살아가기를 원하였다. 그래서 그에게 기독교 신앙에 대적하는 공산주의는 박멸되어야 할 사상이었다.

맥아더는 중국과 일본, 필리핀을 관할하고 있었는데 이들 나라에서 하나님의 뜻이 이루어지기를 소망하였다. 그는 이 땅에서 하나님의 나라가 성취되기를 바라면서 장군으로서의 사명에 충성하였다. 그가 한국전쟁에 참여하면서 가슴에 숨겨둔 것은 공산주의를 쳐부수는 것이었다.

하나님이 일을 이루어 드리기 위해서 미래를 사는 사람, 이것이 맥아더의 정신이었다. 이 정신으로 그는 한국 전쟁에 참전했으며 인천 상륙작전의 성공으로 한국을 공산주의로부터 구해내었다. 그가 하나님의 뜻이 실현되는 것을 바라면서 미래를 내다본 전진의 역사로 한국의 공산화를 막게 되었다.

맥아더는 자녀가 '미래를 향해서 전진하는' 형의 삶을 살기를 축복하였다. '전진'의 은혜로 별 다섯의 오성 장군이 된 그는 아들이 '전진'의 사람이 되기를 소망하여 간구한 것이다.

–"나의 의인은 믿음으로 말미암아 살리라 또한 뒤로 물러가면 내 마음이 그를 기뻐하지 아니하리라 하셨느니라"(히 10:38)

하나님의 자녀가 믿음으로 산다는 것은 성경의 원리이다. 사람이 율법의 행위로는 의롭다 하심을 얻을 수 없고 오직 예수님을 믿음으로만 의롭다 하심을 얻을 수 있다.

하나님의 시간은 사람의 편에서 볼 때, 언제나 미래에 있다. 하나님의 사람으로 산다는 것은 끊임없이 여호와의 뜻을 묻고 순종해서 앞으로 나아가는 것이다. 만일, 하나님의 자녀가 미래를 향한 도전보다 뒤로 물러선다면, 그는 자신에게 믿음이 없다는 것을 보일 뿐이다.

하나님께서 아브라함을 부르실 때부터 그에게 요구하신 것은 전진이었다. 아브라함에게, "내가 네게 보여줄 땅으로 가라"고 명하신 것처럼 오늘, 우리에게도 전진할 것을 요구하신다.

하나님께서는 우리의 전진을 사용하셔서 일을 이루신다. 그러므로 자녀가 어떤 어려운 시련 속에서도 인내하는 믿음으로 하나님의 약속을 받을 수 있는 사람이 되도록 기도하자.

하나님 아버지,

아브라함이 자기에게 나타나신 하나님의 음성을 듣고 순종하였음에 대한 도전을 받게 하시니 감사합니다. 하나님은 사람에게 나타나셔서 그에게 새로운 삶을 시작하시는 줄로 믿습니다.

하나님께서 아브라함에게 하신 첫 말씀으로 '너를 위하여 떠나라.'고 하셨습니다. 사람이 지금까지 자신이 있던 곳에서 떠남이 하나님과의 관계를 맺는 시작이라고 묵상합니다.

사실, 하나님의 자녀로 산다는 것에서 그 시작은 죄악 된 이 세상에서 분리되어 의와 거룩함을 좇는 길을 떠나야 한다고 여깁니다. '가라.' 하나님께서 그에게 지시할 땅으로 가라고 하셨지요. 그곳이 어디인지를 아브라함은 몰랐으나 하나님은 알고 계셨습니다. 그에게 보여주시는 땅으로 가야 했습니다. 하나님의 계획은 아브라함으로 새 민족을 세우시려 하셨다는 것을 깨닫습니다. 오늘, 하나님께서 저희에게 계획을 갖고 계심을 확신합니다. 하나님의 부르심에 응답하는 삶으로 살아드리게 하시옵소서.

성취하시는 하나님,

_____에게 여호와께서 이루어주심을 믿고 전진하기를 축복합니다. 하늘의 하나님께 소망을 두고 앞으로 달려가는 삶을 주시옵소서. 맥아더의 마음을 품고, _____(이)를 위하여 간구하니, _____에게 성령님께 붙들리는 은혜를 주시옵소서.

오늘 하루를 하나님의 말씀으로 달려가는 은혜를 주시옵소서.

하나님의 도구가 되어 지내게 하시옵소서.

_____가 집에서 식구들과 지내는 동안에 하나님의 음성을 듣게 하시옵소서. 교실에서 친구들과 공부하는 시간에 하나님의 음성을 듣게 하시옵소서. 어디에서 어떤 순간에든지 _____에게 말씀하시는 하나님의 음성에 주목하고 순종하게 하시옵소서.

하나님의 말씀으로 말미암아 _____가 신령한 것을 사모하여 여호와의 뜻을 이루어드리는 하루의 삶을 보게 하시옵소서. 하나님께서 그에게 시키시는 일들을 이루어 드리는 즐거움을 주시옵소서.

여호와 우리 하나님,

오늘이라는 시간이 _____에게 축복의 사건이 되기를 원합니다. 하나님 앞에서 지내는 오늘을 바로 축복으로 삼게 하시옵소서. 복 있는 자로 인정해 주시고, 그에게 복으로 이끌어 주시는 한 날을 누리게 하시옵소서.

_____가 오늘 경험하는 일들 중에서 자신을 하나님의 뜻에 굴복시키는 것을 최고의 것으로 삼게 하시옵소서. 사람들은 항복을 제일 싫어하지만 _____에게 항복의 은혜를 주시옵소서.

하나님께 항복하여 자신을 산 제사로 드리는 은혜를 누리게 하시고 자기를 드려 주님의 도구가 되게 하시옵소서. 그때 비로소 천국에서 지내는 삶을 맛보게 하시옵소서.

예수님의 이름으로 기도드립니다. 아멘.

22일 과거를 결코 잊지 않는 자녀

시 145:5,
주의 존귀하고 영광스러운 위엄과 주의 기이한 일들을 나는 작은 소리로 읊조리리이다

맥아더는 포탄이 쏟아지는 전쟁터에서 두려움이 없이 언제나 전투에 임하는 비결을 갖고 있었다. 그에게 전투의 순간마다 늘 이기겠다는 담대함을 갖도록 한 것은 '지난 시간의 기억'이었다. 하나님께서 함께 하셨던 시간들을 기억할 때, 그에게 도전의 의지가 불태워졌고, 어떤 경우에도 승리로 이끌게 되었다.

맥아더는 긴장 속에서 참으로 많은 전투를 치렀다. 아마도 그가 패배하였다면 부상을 입거나 죽음을 당하여 다시는 전쟁터라는 무대에서 사라져 갔을 것이다. 그럼에도 그는 승전을 거두어 어느새 용장이라는 칭호를 듣게 되었다.

그의 기억에는 어떤 전투의 상황도 다 기록되어져 있었다. 그리고 그는 전투를 마칠 때마다 하나님께 승전의 영광을 드리곤 했다. 하나님은 그에게 적을 향해서 쏟아지는 총알이 되어 주셨으며, 적의 진지에 투하되는 포탄이 되어 주셨다. 이로써 그 은혜를 기억하고 잊지 않음이 그에게 무기가 되었다.

하나님의 사람의 생활 방정식은 항상 기뻐하며, 쉬지 말고 기도하고, 모든 것에 감사하는 것이다. 기쁨과 기도와 감사는 그를 균형이 잡힌 믿음의 사람으로 살아가도록 한다.

맥아더는 자신이 하나님을 기억하며 지내었듯이 아들이 그렇게 살아가기를 원하였다.

-"그들에게 이르기를 요단 물이 여호와의 언약궤 앞에서 끊어졌나니 곧 언약궤가 요단을 건널 때에 요단 물이 끊어졌으므로 이 돌들이 이스라엘 자손에게 영원히 기념이 되리라 하라 하니라"(수 4:7)

요단강을 마른땅을 건너듯 건넌 것을 기념하도록 하나님께서는 제사장들이 언약궤를 메고 섰던 강 한복판의 돌을 취하여 기념비를 세우도록 하셨다. 하나님의 사람에게 지난 시간의 역사는 미래로 나아가는 거울이 된다.

하나님께서 자신에게 베풀어주신 은혜를 잊지 말기 위해서라도 은혜를 마음에 새겨야 할 것이다. 그 새김으로 은혜를 기억하면서 자신의 앞날에 도전을 하게 된다. 하나님께서 함께해 주셨다는 사실은 하나님의 자녀로 하여금 그의 삶을 기대하도록 도와준다.

날마다 기쁨이 회복되고, 기도할 수 있는 힘을 얻으며, 감사하는 비결은 '기억'에 있다. 지난 시간에 여호와의 은혜를 누린 사실을 기억할 때, 우리는 가슴이 뜨거워진다.

좋았던 순간이던, 괴로웠던 순간이던 지난 시간을 기억하지 못하면 자신을 불행으로 인도한다. 그러므로 우리도 자녀가 과거를 잊지 않도록 간구하자.

하나님 아버지,

다윗의 찬양에서 한 구절을 입에 담아 외우니 감사합니다. 입술을 움직여 외울 때, 다윗이 노래하였던 심정을 경험하게 하시옵소서. 왕이신 하나님의 존귀와 영광스러운 위엄을 깊이 묵상했던 다윗의 노래로 하나님께 영광을 드립니다.

하나님의 영광을 묵상할 때, 왕이신 하나님의 위엄을 높이고 찬송하게 된다고 믿습니다. 하나님께서 행하시는 일들은 기이하고 놀라운 일이라고 깨닫습니다. 성도가 하나님께서 행하신 기이한 일들을 깊이 묵상하면 자연스럽게 그 기이하신 일을 칭송하게 된다는 것을 배웁니다.

하나님을 사랑하고 하나님께서 하신 일을 묵상하면 주님의 능하신 일과 대적을 심판하신 두려운 일들을 선포하게 될 것이라고 확신합니다. 전능하신 하나님께서 하신 일을 선포할 것입니다.

하나님께서는 저희 가정에도 크고 놀라운 일들을 행하셨습니다. 저희에게 하나님의 위대하심을 기억하게 하시고, ____(이)에게는 그 위대하심을 찬양하게 하시옵소서.

복을 더하시는 하나님,

_____가 여호와의 은혜가 자신에 특별했던 것을 기억하기를 축복합니다. _____에게 받은 은혜에 대한 헤아림과 그로 말미암은 감사의 삶을 살게 하시옵소서.

사랑하는 _____가 여호와께 복을 구하면서 지금까지 도우심이 되어 주셨던 하나님의 손길에 감사함이 더해지게 하시옵소서. 하늘의 문을 여시고 이미 _____(이)를 위해서 내려주셨던 복을 세어보는 은혜의 사람이 되게 하시옵소서.

맥아더가 자녀가 자신의 과거를 기억하고, 하나님의 은혜에 감사하기를 원했던 삶이 _____에게도 그대로 이어지기를 소원합니다. _____가 맥아더의 자녀가 여호와 앞에서 경건했던 삶을 자기의 것으로 사모하게 하시옵소서.

하늘의 하나님,
_____에게 크신 복을 주셨음에 감사하는 자녀가 되게 하시옵소서. 여호와께서 _____(이)를 위해서 행해주신 일들을 헤아려 감사로 영광을 드리게 하시옵소서.

_____가 받은 복을 세어보는 은혜로 여호와 앞에 설 때, 그가 경험할 수 있는 성장의 기쁨을 기대하게 하시옵소서.

오늘은 특별히, _____가 공부하는 것으로 분주할지라도 하나님을 잊지 않게 하시옵소서. 하나님께서 그의 마음과 생각을 다스려 주시기를 빕니다.

성령님께서 _____(이)를 만져주셔서 하늘의 사람으로 살아가도록 인도하시옵소서.

하나님의 음성을 듣기 위해 무릎으로 나아가게 하시고, 여호와의 손과 발이 되어 주의 나라에 영광을 돌리게 하시옵소서.
예수님의 이름으로 기도드립니다. 아멘.

23일 웃음을 줄 수 있는 사람

살전 5:13,
그들의 역사로 말미암아 사랑 안에서 가장 귀히 여기며 너희끼리 화목하라

맥아더는 위기와 긴장의 연속선상에서 균형을 잃지않고 살아가는 방법을 체득하였는데, 그것은 바로 유머였다. 치열하게 전투가 벌어지고 있는 상황에서 장교와 병사들에게 활력을 갖도록 하는 것은 웃음이었다. 그는 지휘관으로서 전투로 피곤해진 장병들에게 웃음을 주는 것에 민감하였다.

웃음은 때로는 어이없는 이야기를 통해서 긴장되어 있는 마음의 근육을 부드럽게 한다. 포탄이 쏟아지고 있는 참호에서 그들에게 잠시라도 위로의 시간을 갖게 하는 것은 웃음이었다. 그리고 아주 짧은 시간이지만 여유를 느끼도록 하는 것이었다.

맥아더에게는 잔뜩 긴장되어 굳어진 마음에 들려지는 유머가 웃음을 자아내면서 호흡을 한 번 몰아쉬도록 해주었다. 그리고 다시 얻게 된 평정심으로 사태에 대한 적응을 하도록 돕는 것을 경험하곤 하였다. 그래서 그는 장병들과 작전계획을 세울 때도 유머를 놓치지 않았다.

유머는 때로 삶의 고단함에 있어서 쉼표와 같은 휴식을 준다. 활짝 핀 꽃에 향기가 더하여 아름답게 하듯이 유머는 자신과 남들의 인생을 풍성하게 해 준다.

갈릴리의 사람들은 주님의 유머로 자신들의 고단함을 달랠 수 있었다. 맥아더는 인생이라는 여행이 때때로 고단하다는 것을 알고 있었기에, 자녀의 삶에 생기를 더해주는 유머가 있기를 간구하였다.

-"오래 참으면 관원도 설득할 수 있나니 부드러운 혀는 뼈를 꺾느니라"(잠 25:15)

오래 참음과 부드러운 혀는 견딤에 대한 상호적인 낱말이다. 견딤을 경험한 이후에 그의 마음에 여유가 생기며 웃음을 갖게 된다. 자신의 말을 들어주지 않는 관원에 대해서는 화를 내기가 쉽다. 그렇지만 상한 마음을 버리고 참고 인내하며 자신의 정직하고 정당한 소원을 계속 간청하는 것이다. 여기에서 유순함을 보이게 된다.

유순한 대답은 상대방의 노를 쉬게 하며 닫힌 마음도 조금씩 열 것이다. 마침내 관원이 그의 말에 설득되고 그의 말을 받아줄 것이다. 주님은 유머를 아셨기 때문에 불의의 재판을 받아들일 수 있으셨으며, 십지가의 고통을 견디셨다. 주님은 하나님의 뜻을 이루어 드리기 위해서 유순함을 잃지 않으셨다.

만일, 자녀에게 유머가 풍부하다면 그의 생애가 활기차고 소망이 넘쳐날 것이다. 자녀에게 덕목의 하나로 유머가 넘치기를 중보 하자. 온유하며 오래 참고 유순함을 그의 마음에 지니도록 간구하자.

하나님 아버지,

바울이 데살로니가 교회의 성도들에게 주는 권면을 받게 하시니 감사합니다. 교회에서 성도들이 인간관계를 누림에서 공동체를 세워가도록 가르쳐 주는 교훈을 받습니다. 이웃에 대하여 생각해야 할 것은 지체를 귀히 여김이라고 말씀하셨습니다.

교회 공동체를 이루고 있는 다양한 사람들 중에서 지도자에게 존경과 함께 그의 권위를 세워주라는 것으로 깨닫습니다. 존경을 받아야 될 사람에게 존경하는 것, 마땅한 자세라고 여깁니다.

그들은 교회 공동체를 위해서 봉사와 수고를 하므로 지체들로부터 존경을 받아야 된다고 깨닫습니다. 그 수고로 공동체가 강건해지고 세워져 가기 때문이지요. 그러기에 봉사하는 이들을 존경하게 하시옵소서.

그들과 더불어 한 몸을 경험하고 있으니, 지체와 화목하라고 하셨습니다. 함께 하는 이들과 화목을 유지하는 것은 사랑에 기초한다고 확신합니다. 한 몸으로 지내는 이들을 사랑으로 섬기게 하시옵소서.

은혜로우신 하나님,

여호와의 인자하심이 오늘, _____에게 충만하기를 축복합니다. 그의 영혼이 여호와를 기다리게 하시옵소서. 그 기다림으로 말미암아 여호와의 인자하심이 넘치게 하시옵소서. 이 시간에도 맥아더의 자녀 사랑에 힘을 입어서 머리를 숙였습니다.

맥아더의 자녀가 누렸던 유머가 _____(이)의 것이 되어 살게 하시옵소서. 주님의 유머로 자신의 인격을 다듬어가게 하시고, 세상을 바라보거나 사람을 대할 때, 유머로 나아가게 하시옵소서.

사랑하는 _____에게 유머를 통한 지혜가 넘치게 하시옵소서. 유머에 의한 부드러움으로 친구들을 대하게 하시옵소서. 유머를 활용하여 자신을 이기게 하시옵소서.

오늘, 하늘의 은혜로 유머가 넘쳐 모든 것에 힘이 되게 하시옵소서. 공부하는 시간의 지루함을 유머로 넉넉히 이기게 하시옵소서. 인간관계에서의 갈등도 유머로 극복하게 하시옵소서. 유머를 통해서 세상을 사는 지혜로 익히게 하시옵소서.

목자이신 하나님,
_____가 여호와의 인도하심에 순종해서 바른 길로 가는 삶을 살게 하시옵소서. 오늘도 여호와 안에서 행하는 삶이 되어 열매를 맺는 기쁨을 주시옵소서. 친구들과 더불어 지낼 때 사랑의 은사로 섬기게 하시옵소서. 사람들과 함께 하면서 주님의 사랑을 통해서 화목하도록 하시옵소서. 화목을 위한 제물이 되어 주신 주님을 따르게 하시옵소서.

이로써 그의 삶은 자신의 신분에서 열매를 많이 맺어 하나님께 영광이 되고, _____에게는 즐거움이 넘치게 하시옵소서. 그에게 맡겨진 모든 일들을 잘 감당하게 하시옵소서.
예수님의 이름으로 기도드립니다. 아멘.

24일 인생을 엄숙히 살아가는 자세

행 10:2,
그가 경건하여 온 집안과 더불어 하나님을 경외하며 백성을 많이 구제하고 하나님께 항상 기도하더니

하나님께서 원하시는 사람으로 살아갈 때, 선택의 기회가 오며, 하나님은 언제나 선택하신 종을 사용 하신다는 것을 맥아더는 어려서부터 깨닫고 있었다. 하나님은 자기의 일을 통해서 영화로움을 받으시지만 그 일에 합당한 사람을 찾으신다.

맥아더의 가정이 그러하였다. 그의 조부모를 비롯해서 부모, 그리고 집안 식구들이 하나님의 사람이 되어 쓰여 지는 것을 확인하였다. 어려서 경험한 그의 가족은 청교도의 후손으로서 거룩하게 구별된 가정은 하나님의 작은 나라였다.

그러한 분위기는 맥아더를 자연스럽게 경건한 후손으로 자랄 수 있는 여건을 만들어 주었다. 하나님께 구별되지 않고서는 하나님의 사람, 곧 성도로 지낼 수가 없다는 것을 인식하고 있었던 것이다. 성도로 살아가려면 세상 속에서 하나님께 드려져야만 한다.

하나님의 자녀는 그의 인생 앞에서 하나님께 대한 두려움을 가져야 한다. 맥아더는 자신의 생애가 여호와께 드릴 만하도록 스스로 경건하기를 힘쓰면서 지내었다. 하나님께서는 하나님의 일이 성취되기를 원하시지만 하나님의 마음에 합한 사람에게

먼저 주목하신다는 것을 그는 확신하고 있었다. 맥아더는 아들에게 하나님 앞에서 인생에 대한 경건함이 있기를 간구하였다. 생각과 마음 그리고 행동이 하나님께 드려도 좋은 제물의 삶이 되기를 축복했던 것이다.

-"이로 말미암아 모든 경건한 자는 주를 만날 기회를 얻어서 주께 기도할지라 진실로 홍수가 범람할지라도 그에게 미치지 못하리이다"(시 32:6)

하나님은 자기 백성이 지은 죄에 대하여 회개하기를 기다리신다. 그가 진실로 죄를 회개하면 용서해 주신다. 그러므로 하나님께서 회개하라는 기회를 주실 때 회개하여 용서를 받도록 하자. 그래야만 자신의 경건함이 유지되는 은혜를 경험하게 된다.

하나님을 만났던 사람은 환난과 어려움이 닥쳐 올 때, 이겨내게 된다. 이를 경험했던 다윗은 홍수가 범람해도 그에게 미치지 못한다고 고백하였다. 의롭게 살려고 하는 자도 때로는 넘어지지만 하나님의 오른손으로 그를 붙들어주심으로 아주 엎드러지지 않는다.

자녀가 회개하는 삶을 가진다면 그는 하나님 앞에서 바르게 자라 갈 수 있다. 자녀에게 회개의 은혜를 누리도록 부모는 먼저 그를 위하여 간구 하는 것이 바람직하다. 아버지는 자녀가 반듯하게 성장하기까지 이끌어주어야 할 특권을 부여 받았기에 자녀가 자신을 거룩한 삶으로 드릴 수 있도록 양육하자.

하나님 아버지,

고넬료 가정의 경건함에 관한 말씀을 주시니 감사합니다. 그의 가정이 맥아더의 성장과정에서 대할 수 있었던 가정의 분위기에 대한 모델이라는 감격을 받습니다.

이방인인 고넬료는 유대인의 회당 집에 참석하면서 하나님을 경외하는 '이방 유대인'이었다고 생각됩니다. 그가 경건했다고 했으니 유대인과 함께 하나님을 공경하면서, 신앙생활을 했다고 여겨집니다.

오늘, 고넬료에게서 도전을 받아야 할 것은 "온 집안과 더불어 하나님을 경외"했다는 것입니다. 신앙의 부모는 자녀들과 더불이 가정에서 하나님을 경외함이 되어야 한다는 것을 배웁니다. 그는 자기 가정의 '영적 가장'으로서 본이 되어 주었습니다.

그는 당시에, 궁핍했던 유대인들을 많이 도우면서 기도에 열심을 내었다고 깨닫습니다. 그래서 경건하고 하나님을 경외하는 사람이라는 칭송을 받았겠지요. 이제, 저희 부부에게도 어려움에 처한 이들을 도우며, 항상 기도하는 모습을 자녀에게 보이게 하시옵소서.

거룩하신 하나님,
_____에게 여호와의 거룩하심에 응답하여 구별된 삶이 되도록 축복합니다. 하나님의 자녀로서 마땅히 _____가 자신을 거룩하게 하기를 소망하게 하시옵소서.

오늘, 여호와께 복된 _____에게 죄악으로 인해서 더러워진 세상적인 것들을 거절하게 하시옵소서. 또한 진리가 아닌 사람이 지어낸 거짓 교훈에 끌리지 않게 하시옵소서.

_____가 거룩함에 이르기 위해서 성경의 진리로 그의 생각과 마음을 다스리게 하시옵소서. 성령님의 충만하심으로 _____에게 속되고 어리석은 신화적인 이야기들로부터 자신을 지키는 은혜를 주시옵소서. _____에게 자신을 거룩함에 대한 비전을 주시니 감사합니다. 그가 날마다, 순간마다 경건에 이르기를 연습하여 하나님을 아는 만큼 두려움으로 섬기게 하시옵소서.

_____가 세상으로부터 자기를 구별하는 훈련을 통해 천국의 사람이 되게 하시옵소서. 자신을 세상에서 구별하지 않아 마치 거의 하나님 없이 사는 사람처럼 살지 않게 하시옵소서.

의의 하나님,
_____가 여호와 앞에서 의롭다 인정받기를 사모하게 하시옵소서. 하나님께서 의로 여기시는 행실을 즐거움으로 삼게 하시옵소서. 자신이 친히 담당하고 섬겨야 할 일들이 많이 있음을 보게 하시옵소서. 먼저는 가정에서 그리고 학교에서 주님의 일꾼이 되어 섬기는 은혜를 주시옵소서. _____로 말미암아 주님의 빛이 비추어지고, 주님의 향기를 내게 하시옵소서. 이를 통해서 그 자신도 온전함을 구비하게 하시옵소서.
예수님의 이름으로 기도드립니다. 아멘.

25일 삶을 즐길 줄 아는 마음

빌 3:1,
끝으로 나의 형제들아 주 안에서 기뻐하라 너희에게 같은 말을 쓰는 것이 내게는 수고로움이 없고 너희에게는 안전하니라

육군사관학교에서의 생도생활은 맥아더에게 천국의 시민, 십자가의 군사로 자신을 기르게 하는 기회가 되기에 충분하였다. 경건에의 추구는 거룩한 삶의 기쁨을 맛보게 한다. 세상이 알 수 없는, 알려고 해도 알지 못하는 신비스러운 즐김이다.

당시에, 맥아더의 친구들은 학교에서의 엄격한 군사훈련으로 말미암아 땅의 즐거움에 만족하려 했으나 하나님께서는 그와 동행해 주셨다.

그는 하나님을 누리면서 하늘의 즐거움으로 만족해하였다. 맥아더는 자기를 거룩하게 할 수 있음에 감격하면서 하나님과 동행하는 기쁨을 가졌다.

크리스천에게 힘과 용기는 어디에서 나오는가?

맥아더는 그 비밀을 알고 있었기 때문에 '주 안에서의 기쁨'을 누릴 수가 있었다. 하나님과의 교제는 영적인 풍성함으로 이끌어 주는 것을 늘 체험하면서 하나님의 나라를 구하며 지냈다.

그가 하나님께로 더 가까이할수록 기쁨이 커졌다. 맥아더는 자녀가 여호와의 은혜로 즐거운 인생이 되기를 축복하였다. 그는 자신이 사랑하는 만큼 자녀가 복을 누리고, 살아가는 순간순간에 즐거움의 잔이 넘치기를 간구하였다.

-"마지막으로 말하노니 형제들아 기뻐하라 온전하게 되며 위로를 받으며 마음을 같이하며 평안할지어다 또 사랑과 평강의 하나님이 너희와 함께 계시리라 거룩하게 입맞춤으로 서로 문안하라"(고후 13:11)

바울은 고린도 교회의 성도들에게 기뻐하라고 권면하였다.

사실, 그들은 어떠하였던가?

그들이 죄를 범했을 때 바울은 많은 눈물로 편지를 써야 했다. 그들도 자기들의 죄를 깨닫고 근심해야 하였다. 그러나 지금, 그들이 죄를 회개했다면 이제는 너무 근심에 빠져 있지 말고 기뻐하라고 설득하였다.

은혜를 즐거워하는 기쁨은 성도에게 경건한 삶으로 이끌어 준다. 그리고 주 안에서 형제 된 이들과의 친교를 증진하게 된다. 그래서 분열과 파당으로 상처를 입었던 그들에게 겸손과 순종으로 일치하고 단합하라고 위로하였다.

아버지에게는 자녀를 축복하는 권한이 있다. 아버지는 자녀의 생애가 고통스럽지 않고, 감사함의 식탁에서 지내기를 원하는 만큼 축복해야 한다.

아무리 나쁜 아버지라도 자녀에게 생선 대신에 전갈을, 떡 대신에 돌을 주지 않는다고 예수님께서 말씀하셨다. 자녀의 즐거움을 위해 기도하자.

하나님 아버지,

성령님의 은총 안에서 기뻐하며 삶을 즐기는 인생이 되라 하심에 감사합니다. 바울이 빌립보 성도들에게 격려했던 기쁨을 누리라고 오늘의 말씀을 주신 줄로 믿습니다.

'주 안에서', 곧 하나님이 은혜 안에서 기쁨을 누리라고 하심에 도전을 받습니다. 저희들이 경험하게 되는 것은 그 기준이 '주 안에서'라는 것을 다시금 생각합니다.

세상 속에서의 경험은 짧고, 의미가 없지만 '주 안에서' 오는 것은 영원하다고 깨닫습니다. 그 기쁨은 참이며, 그 기쁨을 누릴 때, 하나님을 영화롭게 해드림이 된다고 생각합니다.

저희가 어디에 가서 기쁨을 찾아야 합니까?

하나님께서 주셔야 한다고 믿습니다. 당시에, 빌립보 성도들은 어려움에 처해 있었지만 그들의 상황을 이기는 힘이 기쁨이었습니다. 오늘, 저희 부부와 자녀에게 '주 안에서'의 기쁨을 기다리게 하시옵소서. 하나님께서 내려 주시는 기쁨에 소망을 갖게 하시옵소서.

기쁨의 하나님,

_____가 여호와를 경외하기를 축복합니다. 그가 여호와를 경외하는 길을 걸어갈 때 복이 되고 형통한 삶이기를 소망합니다. 오늘도 하나님의 사랑을 입은 _____에게 자신의 삶을 즐거워하게 하시옵소서. 하나님께서 목자가 되어 주심에 아쉬울 것이

없고, 복락의 샘물을 마시는 즐거움을 주시옵소서.

시온에서 주시는 복이 _____(이)의 손에 넘쳐서 웃음으로 이어지는 하루가 되게 하시옵소서. 그가 아침에 일어나는 잠자리에서부터 내려오는 복으로 하루가 기쁨으로 시작되는 것을 보게 해 주시옵소서.

맥아더의 자녀에게 주셨던 인생의 즐거움을 _____에게도 허락하시옵소서. 맥아더의 심정이 되어 간구할 때, _____가 여호와 앞에서 즐겁고 복됨을 고백하게 하시옵소서.

만복의 하나님,
_____(이)가 하나님 앞에서 복 받기를 원합니다. 그 자신이 여호와 앞에 인정을 받을 때 복을 누리게 하시옵소서. 하나님께서 보실 때, 복이 있는 자로 세워지게 하시옵소서. 오늘도 학교에서 공부하는 시간이 복되길 원합니다. 교실에서 책을 펴고 공부할 때 지혜와 지식의 부요함을 보게 하시옵소서. 지각이 남달리 뛰어나게 하시옵소서.

여호와께 사랑을 받는 _____가 복이 되고 형통한 은혜를 보게 하시옵소서. 때마다, 일마다 성령님의 역사가 나타나고, 도우시는 은혜를 내려 주옵소서. 지혜의 은사와 지식의 은사로 인해서 학업능력이 증가하는 은혜를 내려 주시옵소서. 여호와의 능하신 손으로 _____(이)를 도와주시옵소서.
예수님의 이름으로 기도드립니다. 아멘.

26일 자기 자신을 너무 드러내지 않음

눅 17:10,
이와 같이 너희도 명령 받은 것을 다 행한 후에 이르기를 우리는 무익한 종이라 우리가 하여야 할 일을 한 것뿐이라 할지니라

　-지장, 지혜를 갖춘, 전투에 있어서 지혜로운 장군이라는 의미이다.
　-덕장, 덕을 갖춘 장군으로서 비록 전투에 패한 적장에게도 친절과 인간애를 나타내는 장군이라는 의미이다.
　-용장, 전쟁터에서 뒤로 물러날 줄 모르고, 언제나 용기 백배하여 적을 물리쳐 이기는 장군이라는 의미이다.
　지장과 덕장, 용장이라는 명칭은 맥아더에게 어울리는 칭호였다. 그는 장군이 갖추어야 될 세 가지의 덕목을 고르게 지니고 있었다. 그럼에도 그는 자신의 무용담을 늘어놓기를 자재했다.

　그가 전투에 참전할 때는 언제나 전장을 누비는 신문기자가 따라다녔는데, 기자 앞에서 자신이 어떻게 하여 이겼다는 말을 하기를 꺼려하였다. 기자에게 자신의 공로를 치켜세우기보다는 전장에서 부상을 당하거나 어려움을 겪고 있는 장병들을 찾아가 그들을 위로하였다.
　그는 자신의 공로에 대하여 말을 하다가 교만 해질까를 염려하였다. 도리어 부하 장병들에게 공을 돌렸다. 지휘관과 원 팀이 되어 전투를 벌여준 장병들이야말로 그들이 공로를 인정받아야 한다고 생각하였다. 교만은 땅의 사람들에게 전매특허이다. 그러나 하나님의 자녀는 자신을 드러내지 말아야 한다. 자신을 드러내지 않으면 하나님이 나타나는 것이다.

예수님의 인격에서 가장 중요하게 배울 덕목은 겸손이다. 우리는 교만하기 쉬우나 주님께서는 자신을 낮추시기를 즐겨하셨다. 주님은 겸손하셨기 때문에 하나님의 일을 완수하실 수 있으셨다. 맥아더는 아들이 주님의 겸손으로 자신을 무장하기를 축복하였다. 조금 잘 하는 것, 남들로부터 칭찬을 받는 것이 있어서 교만해지지 않기를 간구하였다.

-"그날에 네가 내게 범죄한 모든 행위로 말미암아 수치를 당하지 아니할 것은 그때에 내가 네 가운데서 교만하여 자랑하는 자들을 제거하여 네가 나의 성산에서 다시는 교만하지 않게 할 것임이라"(습 3:11)

교만하여 자랑하는 자는 하나님께서 그의 진노로 인해 제거하신다. 유다의 남은 자들은 하나님의 심판으로 인해 포로 생활을 하며 이방인들로부터 수지와 멸시를 당하였다. 그러나 이제 하나님께서 그들을 회복하시는 날에는 결코 죄로 인해서 수치를 당하지 않을 것이다.

그들 중에서 자기를 과시하던 자들이 제거되어서이다. 오직 자기를 주장하지 하지 않는 자들만 남게 되었다. 성도의 자녀는 진실해야 한다. 자녀가 허풍을 떨지 않도록 기도하자.

하나님 아버지,

오늘, 종에 대하여 묵상하는 말씀을 받게 하시니 감사합니다. 이 땅에서 살아가는 것이 종의 삶인데, 하나님께 드려지게 하시옵소서.

주님께서는 제자들에게 가르치시기를, 그들이 자기들에게 맡겨진 일을 다 행한 후에는, "우리는 무익한 종이라 우리의 하여야 할 일을 한 것뿐이라"고 고백하라고 했습니다. 이 가르치심은 하나님 앞에서 천국 백성이 가져야 할 정신이라고 확신합니다.

자기 자신이 하나님 앞에서 무익한 종이라고 생각하라는 말씀에 감격합니다. 사실, 성도의 삶은 성령님이 이끌어 주시기에 누가 봉사의 직무를 수행할 때도 그에게는 부족한 것뿐이지만, 하늘로부터 내려오는 은혜와 힘으로 했다고 깨닫습니다.

누가 자기의 힘으로 하나님의 일을 감당합니까?

성령님께서 감당하게 하신 줄로 믿습니다. 하나님의 자녀는 마땅히 자기를 성령님께 내어드릴 뿐이었지요. 이에, 종의 정신으로 주님 앞에 서야 한다고 묵상합니다.

-저희 부부와 자녀가 자신을 내세우지 않게 하시기를 원합니다.
-충성을 다했다면 하나님 앞에서 다만 감사하게 하시옵소서.

아집을 물리치시는 하나님,

_____에게 자신에게 집착하지 않고, 주를 바라보기를 축복합니다. 스스로에게 오만해서 교만한 행동을 하지 않도록 도와주옵

소서. 저에게도 맥아더가 자녀의 겸손을 바랐던 마음을 주시옵소서. 저도 _____의 부모로서 그의 자기를 낮추는 성품을 여호와께 간구하게 하시옵소서. 여호와 앞에서나 사람들 앞에서 자기를 낮춤을 통해 거룩한 성품을 더해가게 하시옵소서.

오늘, _____가 여호와께 복을 받은 사람이 되기 위해서 자기를 낮추려는 은혜를 주시옵소서. 나설 때와 나서서는 안 될 때를 분별하는 지혜를 주시고, 남들에 대하여 자신을 낮추는 은혜를 보게 하시옵소서.

_____에게 자신을 남들과 비교하려는 교만을 물리쳐 주시옵소서. 남들보다 자신이 우월하다고해서 우쭐대려는 오만을 물리쳐 주시옵소서.

_____가 오히려 남들보다 부족함이 많다는 것을 깨닫게 하시옵소서. 그로인해 더욱 더 낮아짐의 은혜를 경험하게 하시고 존귀한 자로 쓰임을 받을 수 있도록 인도하여 주시옵소서.

여호와 하나님,

오늘, _____에게 주의 말씀이 그의 발에 등이요, 그의 길에 빛이심을 고백하는 은혜를 주시옵소서. 오늘 하루의 생활에서 말씀에 의해 _____의 생각과 계획이 이루어지게 하시옵소서.

그의 마음에 평안을 주시고, 주님의 자비하심을 보게 하시옵소서. 자신의 장래를 생각할 때, 두려워하지 않게 하시옵소서. 예수님의 이름으로 기도드립니다. 아멘.

27일 겸손한 마음으로 남들을 대함

**빌 2:3,
아무 일에든지 다툼이나 허영으로 하지 말고 오직 겸손한 마음으로 각각 자기보다 남을 낫게 여기고**

맥아더에게는 귀한 기억이 있는데, 그의 부모가 대접하는 사람들이었다는 사실이다. 그들의 청교도 정신은 사람에게 하는 일과 하나님께 하는 것의 구별이 없었다. 하나님의 사랑으로 사람을 대하였는데, 신자와 불신자에 대한 구분이나 감정의 차이도 없었다.

맥아더는 부모에게서 사람은 하나님의 피조물로서 존귀하게 여겨져야 하며, 그들 가가 사람의 형편이나 처지에 따라 대접을 받아야 하고, 그들을 대접해야 할 때, 이것을 피해서는 안 된다는 것이었다. 맥아더의 부모는 언제나 이웃을 대접할 준비를 하고 살았다.

하나님의 말씀 앞에서 살아가는 것은 곧 예배하는 삶이다. 어려서부터 성도의 삶을 배워 온 맥아더는 그 자신이 예배자로서 매일, 매일을 지냈다. 자신의 행실이 그때, 그때의 예배가 되어 하나님께 드려진다는 것을 실감하면서 지내었다.

그래서 그는 이웃과 더불어 사는 행실이 몸에 배었다. 이웃을 대하는 것이 곧 하나님께 해드리는 것이기 때문이다. 이웃은 나에게 하나님께 드림을 실천할 수 있는 기회라는 것을 일찍이 체득한 맥아더는 겸손한 마음으로 다가가 이웃을 섬겼다. 맥아더는 겸손함으로 이웃을 대접해야 하는 사랑의 원리를 알고 있었다. 그래서 자기의 자녀가 하나님을 대접해 드리는 마음으로 이웃을 대하기를 원하여 간구하였다.

-"오직 나그네를 대접하며 선행을 좋아하며 신중하며 의로우며 거룩하며 절제하며"(딛 1:8)

하나님의 자녀가 갖추어져야 될 품성 중에 최고의 것은 '대접'이다. 특히 나그네를 대접하는 자라야 한다. 우리는 여기에서 주님을 보게 된다. 예수님께서 세상에 계실 때 보여주신 것은 대접이셨다. 대접의 사람이 되어야 한다는 뜻은 그가 이기적이거나 개인주의적이지 않고 남과 나눌 줄 아는 인격자이어야 함을 의미한다. 이것이 사랑이며 선이다. 이로써 신앙 지식에 있어서나 행위에 있어서나 책망할 것이 없는 것에 이르게 된다.

대접함에 대한 원리는 인간관계에서도 적용된다. 우리는 이웃에게 좋은 것을 주기를 힘써야 한다. 그러면 그들이 우리에게 좋은 것으로 대접해 준다. 우리는 하나님의 사랑을 가지고 이웃에게로 다가가야 한다. 이웃을 대접하는 삶은 하나님이 자녀가 남들과 더불어 사는 삶 속에서 목표라고 보아야 한다.

하나님께서 우리를 대접하시고, 주님께서도 대접해 주셨다. 대접함의 삶이 자녀에게 있도록 기도로 돕자. 나의 자녀가 남을 대접함에 인색함이 없도록 기도하자.

하나님 아버지,

바울이 빌립보 성도들에게 하나님이 나라를 이루는 처세의 원리를 언급한 말씀을 대하니 감사합니다. 천국 백성으로 지낸다는 것은 다른 사람들과의 어울림인 줄로 믿습니다.

어느 가정에서든지 형제끼리 다툼이 있을 수 있고, 어느 사회에서도 구성원들에게 갈등이 있게 마련이라고 생각합니다. 이때, 하나님의 자녀로서 그들과 화목하고 일치되는 은총, 그것을 오늘의 말씀에서 배우게 하십니다. 감사합니다.

'다툼이나 허영으로 하지 말고.' 그렇습니다. 자기 자신을 높이고 헛된 영광을 추구할 때 다툼이 일어나게 되어서 갈등을 초래하게 되는 경우를 많이 봅니다. 이 말씀을 저희 부부와 자녀의 가슴에 새기도록 하시옵소서. 자기를 나타내거나 높이려 하지 않게 하시옵소서.

'오직 겸손한 마음으로.' 겸손하게 하시옵소서.

자기보다 남을 낫게 여기게 되면 하나가 됨을 누릴 줄로 믿습니다. 남에게 보다 자기를 낮게 여기려 하지 않게 하시옵소서. 남들과 함께 있는 자리에서 남을 낫게 여기게 하시옵소서.

인자하신 하나님,

_____에게 오늘, 울며 씨를 뿌려 기쁨으로 거두기를 축복합니다. 기쁨으로 곡식단을 거두는 그가 되게 하시옵소서. 그 은혜로 오늘도 공부에 전념하는 자녀가 되게 하시옵소서. 맥아더의 심정

으로 _____(이)를 위해서 간구할 때, _____가 이웃에 대하여 섬김과 사랑으로 나아가기를 축복합니다. 하나님의 사랑이 우리에게 오심과 같이 그 사랑으로 이웃에게 다가가는 은혜를 주시옵소서. _____가 여호와 앞에서 겸손함의 옷을 입게 하시옵소서. 그 겸손으로 이웃을 대하게 하시옵소서. 은혜로 말미암은 겸손의 손길로 이웃을 대접하여 하나님의 영광을 구하게 하시옵소서.

사랑의 손을 내미시는 하나님,

오늘, _____가 누구를 만나든지, 만나는 이에게 손을 펴서 대접하는 은혜를 주시옵소서. 빌려달라는 친구에게 친절하게 빌려주고, 거저 달라는 친구에게는 자신도 거저 받았음을 기억하여 내어 주는 손이 되게 하시옵소서. 그러한 대접을 통해서 하나님께 대접을 받게 하시옵소서.

_____가 여호와께서 그에게 피난처시요 힘이 되심을 고백하는 은혜를 주시옵소서. 그리하여 여호와가 자신에게 목자이심을 증언하게 하시옵소서.

_____에게 하나님을 찾음에 민감하게 하시고, 성령님의 감동을 따르게 하시옵소서.

오늘도 하루를 지내려 할 때, 하나님께 인정을 받게 하시옵소서. 하나님의 마음에 합당하도록 그의 삶을 주장해 주시옵소서. 힘을 주셔서 평안함 속에서 넉넉히 살아가게 하시옵소서.
예수님의 이름으로 기도드립니다. 아멘.

28일 소박함의 위대함을 아는 지혜

잠 12:8,
사람은 그 지혜대로 칭찬을 받으려니와 마음이 굽은 자는 멸시를 받으리라

맥아더가 어려서부터 보아온 것은 하나님께 진실하게 살아가는 집안 식구들이었다. 조부모의 가정이나 외가의 가정에서 어른들의 삶은 늘 소박한 진실이었다. 그들은 자신에 대하여 과장하려 하지 않았고, 남들에게 자기를 알아주었으면 하는 허세도 없었다.

그이 집에는 종종 이웃 사람들이 찾아왔다. 그리고 교회에서 함께 신앙생활을 하고 있는 동네의 어른들이 방문하였다. 그때 그의 집안 어른들은 그들에게 자랑한다든지 과장됨이 없었다. 평소에 집에서 지내는 일상의 모습으로 이웃을 대하고, 그들을 대접하였다.

어린 시절을 지내면서 맥아더에게 삶에서 소중한 가치로 여기게 된 덕목은 하나님께의 진실이었다. 부모는 그들의 기도처럼 살아가셨다. 그래서 맥아더도 자신이 기도가 곧 자기의 삶이기를 원하였다. 그는 자라면서 친구들과의 지냄에서도 자신을 과장하려 하지 않았고, 언제나 '있는 그대로'로 친구들과 교제하며 지냈다. 육군사관학교에 진학해서도 새로운 환경, 새로운 세계의 생활에서도 그는 조금의 허례를 보이지 않았다.

자신의 부족함을 그대로 보이면서 친구들로부터 도움을 받기도 하였다. 하나님께의 정직함, 그것은 전혀 과장됨이 없는 것이라고 깨달은 맥아더는 매일 기도로 하루를 시작하였다. 그는 장교로 임관이 된 후에도, 전투가 벌어지는 현장에서 지휘관으로서의 모습에 그대로 나타났다. 전투의 현장에서 일촉즉발 위기의 시간에 그가 경험한 것은 하나님께의 부르심이었다.

-하나님은 악을 제거하시기 위하여 전쟁을 사용하신다.

전쟁을 사용하시는 하나님께서 자기를 부르셔서 이 일을 맡기셨다는 것이 맥아더의 지론이었다.

그는 자신의 자녀가 소박함의 아름다움으로 살기를 원하여 간구하였다. 결코 겉치레나 허영에 마음을 빼앗기지 않기를 바라는 기도를 드렸다. 하나님은 진실한 자의 편이시다.

"이는 우리가 이제부터 어린아이가 되지 아니하여 사람의 속임수와 간사한 유혹에 빠져 온갖 교훈의 풍조에 밀려 요동하지 않게 하려 함이라"(엡 4:14)

사람은 어리석고 또 어리석은 사상들을 갖고 있어서 자신도 속고 남을 속인다. 우리가 하늘에 속해 있다면 모든 인간적 교훈들의 풍조에 밀려 요동하지 않고, 하나님 앞에서 온전한 모습을 구비해야 한다. 맥아더는 하나님 앞에서 사는 삶의 가치가 성실에 있음을 알았다. 사람들은 누구나 큰 것을 좋아하고, 큰 것에 마음을 두지만 하나님께서 귀하게 보시는 것은 성실함이다.

하나님 아버지,

주님께서 공생애의 시간에 보여주신 것은 진실함이셨음을 감사합니다. 오늘, 저희 가정에 주시는 말씀으로 격려받기를 원합니다. 진실하게 하시옵소서.

"마음이 굽은 자는 멸시를 받으리라." 사람과의 관계에서 진실하지 않고, 그 속에 다른 마음이나 생각을 품고 대하지 말라는 교훈이라고 믿습니다. 우리가 하는 모든 행실에는 하나님의 응답이 있을 뿐이니 하나님 앞에서 진실함으로 이웃을 대하게 하옵소서.

누구에게 마음이 굽다고 하겠습니까?

사물을 바르게 보지 못하고, 그것에 대하여 바르게 판단하지 못하고, 생각과 판단력이 비뚤어진 것을 말한다고 생각합니다. 또는 상대방에게 손해를 입히기 위해서 고의로 하는 행동이라고 깨닫습니다.

-사람에게 잘못된 선입견을 갖지 않게 하시옵소서.

-사람에게 편견을 갖지 않게 하시옵소서.

저희 부부와 자녀에게 말과 행동이 악하고 비뚤어지지 않게 하시옵소서. 하나님께 지혜를 구하여 진실하게 하옵소서.

작은 것을 보시는 하나님,

여호와의 진실하시고 꾸밈이 없으신 은혜가 _____에게 있기를 축복합니다. 심중을 보시는 여호와 앞에서 _____가 성실한 자녀로 살게 하시옵소서. 맥아더의 자녀가 소박함의 은혜로 여호와 앞에서 살았던 삶이 _____것이 되게 하시옵소서.

소박함의 은혜와 사소한 것들에서 하나님의 손길을 느끼게 하시옵소서. 사랑하는 _____(이)를 소박하게 살도록 이끌어 주시옵소서. 허황된 생각을 거절하게 하시고, 외형적인 드러남에 마음을 빼앗기지 않게 하시옵소서.

_____가 언제나 순간순간에 성실하게 하시며, 모든 것을 감사로 받아 최선을 다하는 모습으로 지내게 하시옵소서.

진실하심의 하나님,
_____에게 하나님의 진실을 닮도록 하시옵소서. 자기 자신에 대하여 거짓되지 않게 하시옵소서. 다른 사람들과의 관계에서 거짓으로 대하지 않게 하시옵소서.

남들의 눈에 뜨이지 않는 것이라도 자신이 해야 될 것을 뒤로 미루지 않게 하시옵소서. 그런 소박함을 통해서 복을 누리게 하시옵소서. 작은 일에 충성됨이 그의 모습이기 원합니다.

여호와의 은혜로 또 하루의 삶을 받아 사용하니, 하나님의 영광을 마음의 소원으로 삼게 해 주시옵소서. 오늘에 활동하는 모든 것들이 하나님의 나라를 확장시키는 도구가 되기 원합니다.

진리의 말씀을 마음에 새기고, 신하의 심정으로 말씀에 순종하게 하시옵소서. 하나님을 두려워하며 그에게 영광을 돌리는 하루가 되게 하시옵소서.
예수님의 이름으로 기도드립니다. 아멘.

29일 관용에 있는 힘을 아는 지혜

딛 3:2,
아무도 비방하지 말며 다투지 말며 관용하며 범사에 온유함을 모든 사람에게 나타낼 것을 기억하게 하라

미국은 연방의 나라로서 다양한 사람들이 모여 미국의 국익을 위해서 봉사한다. 미 육군에서도 다양한 배경을 가진 사람들이 군인으로 입대한 결과 그들이 생각과 주장은 실로 다양하다. 그렇지만 그들은 미국의 국익에서는 오직 나라를 위해서 생각을 모은다. 관용이라는 것은 넓은 의미로는 자기의 신조와는 다른 타인의 사상, 신조나 행동을 허용하며, 자기의 사상이나 신조를 외적인 힘을 이용해서 강제하지 않는 것을 의미한다.

맥아더는 전투현장에서 자신의 뜻을 강조하지는 않았다. 부관들의 의견을 경청하고, 그들의 생각을 받아들이며 적군과 싸울 전략을 세운다. 타인을 인정하고, 나와는 다르지만 그 견해를 받아들이는 관용, 그것이 맥아더의 군대를 강한 팀이 되도록 하였다. 많은 사람들, 제각각 주장이 다른 사람들을 하나로 묶는 기술이 있다면 그것은 관용이다.

주님의 관용은 열한 명의 제자들을 천국의 백성이 되도록 하였다. 자기를 주장하는 그들을 받아들여서 주님의 생각으로 녹여내어 교회의 일꾼이 되도록 하신 것이다. 온유함은 주님의 용서를 가리킨다. 그리고 주님의 받아주심이 부드러움에 있는 것이다. 많은 부하를 거느리고 전투에 참여해야 했던 맥아더는 너그러움의 힘을 알고 있었다. 맥아더는 자녀가 예수님을 닮기를 원하였다. 그에게 주님의 인격을 자기의 것으로 삼는 은혜가 있기를 소망하여, "참된 힘은 너그러움에 있다는 것을 항상 명심하도록 하소서"라고 간구하였다.

-"누가 뉘게 혐의가 있거든 서로 용납하여 피차 용서하되 주께서 너희를 용서하신 것과 같이 너희도 그리하고"(골 3:13)

너그러움은 용납이라는 뜻과 같은 낱말이다. 하나님께서 보여주신 용납을 가리킨다. 우리가 지금, 하나님의 자녀로 살아가는 것은 그분의 용납으로 말미암는 은혜이다.

우리는 주님께서 나에게 너그러우셨던 것과 같이 이웃에 대하여 그렇게 해야 될 의무를 갖고 있다. 주님께서 나를 받아주심과 같이 이웃을 받아줄 때, 거기에 주님이 드러나게 된다. 사람에 대하여 너그럽다는 것은 그 자신에게 긍휼과 자비 그리고 오래참음이 있을 때 외부적으로 나올 수 있는 행실이다.

자신이 이웃을 향해서 긍휼과 오래 참는 마음을 갖고 있을 때 자기의 잘못을 뉘우치는 자를 용납할 수 있으며 진심으로 그를 용서하게 된다. 너그럽게 대하는 사람에게는 이웃에 적이 생길 수 없다.

이제, 맥아더의 심정을 품고, 자녀의 너그러움을 소망하자. 하나님은 나의 자녀가 너그러운 사람으로 자라기를 원하신다.

하나님 아버지,

주님께서 보여주신 관용의 구체적인 말씀을 받게 하시니 감사합니다. 오늘, 이웃을 대하는 삶에 주신 말씀을 교본으로 삼고 지키기를 원합니다. 이로써 성령님으로부터 열매를 맺게 하옵소서.

'비방하지 말며' 이웃과 자신에게 해를 끼치는 사람에게도 '비방과 악담'을 하지 말아야 한다는 것을 깨닫습니다.

'다투지 말며' 이웃과 다투지 않기를 힘쓰며, 그 상대가 신자든 불신자든 가리지 않고, 싸우지 않고, 싸움에의 선동 등에 참여하지 말아야 한다는 것을 깨닫습니다.

'관용하며' 상대방에게서 자신의 이익을 취하려 하지 않고, 자기를 위하여 권리를 억지로 내세우지 말아야 함을 깨닫습니다.

'범사에 온유함을' 하나님께 진실된 마음으로 순종하고, 사람들에게 친절하고 인내하며 정중하게 행하는 것을 생각합니다.

한마디로, 주님을 닮아 생각하고, 행동을 하면 되리라 믿습니다. 십자가에 달려 피 흘려 죽으시기까지 자기를 거절하셨던 주님의 모습을 저희들의 삶에서 나타내게 하시옵소서.

인도하시는 하나님,

오늘, _____가 여호와를 의지하는 하루가 되기를 축복합니다. 시온산이 흔들리지 않고, 영원히 있음 같음이 그의 삶이 되게 하시옵소서.

어제도 _____(이)를 위한 저의 중보를 받으시고, 응답의 은혜를 주셨음에 감사드립니다. 오늘은 그가 여호와 앞에서 너그러움의 은혜를 경험하게 하시옵소서. 주님의 너그러움을 자기의 것으로 삼는 복을 주시옵소서.

맥아더의 자녀에게 너그러움이 있어야 했듯이, _____에게도 주님의 너그러움이 있게 하여 주시옵소서.

그 성품으로 말미암아 모든 사람들에게 그리스도의 향기가 되고, 하나님의 뜻을 이루게 하시옵소서.

좋으신 하나님,
_____가 하늘의 은혜를 소망하게 하셔서 주님을 닮아가려는 열정을 놓지 않게 하시옵소서. 허탄한 것에 마음을 내어주지 말고, 오직 하나님의 사람으로 자라게 하시옵소서.

여호와께서 저에게 원하시는 모습을 알게 하시옵소서. 그 모습으로 자라 가도록 인도하시옵소서.

거룩하신 하나님 앞에서 서게 하시옵소서. _____에게 여호와께 죄를 지은 것을 자복하는 은혜를 주시옵소서. 아직도 하나님께 고하지 못하고 용서받지 못한 죄가 있다면 회개하도록 하시옵소서.
성령님의 깨닫게 하심에 민감하게 반응하도록 도와주시옵소서.
그래서 _____가 죄를 뉘우칠 때, 성령님의 불로 태우시며 정결하게 하시옵소서.
예수님의 이름으로 기도드립니다. 아멘.

30일 헛된 인생을 살지 않는 아버지

요일 3:7,
자녀들아 아무도 너희를 미혹하지 못하게 하라 의를 행하는 자는 그의 의로우심과 같이 의롭고

'자녀를 크리스천으로 살아가도록 하는 것은 부모의 의무이며, 거룩함이다.' 맥아더는 자신이 크리스천으로 하나님 앞에서 살아가는 것에 대하여 부모의 기도와 헌신이라고 깨달았다. 그 기도는 하나님께서 다음 세대를 크리스천으로 키우시려고 부모에게 허락하신 것이라는 사실이다.

맥아더는 자신에 대하여 생각할 때, 늘 하나님의 은혜에 감사하면서 부모의 기도를 기억하였다. 그가 자라던 어린 시절에 아버지가 자신을 위하여 기도하시거나, 어머니가 골방에서 부르짖어 기도하셨던 음성을 기억하였다.

그러면서 자기 역시 아들에게 자녀를 위하여 기도하는 부모에 대한 기억을 물려주고 싶어 하였다. 그는 자녀가 기억하게 되는 부모의 이미지에 대한 고민이 많았다. 자신의 간구에 하나님께서 응답해 주시기를 바라는 소망도 중요했지만 자신이 아들에게 어떤 이미지를 남겨 주는 아버지가 될 것인가에 대한 묵상을 하였다. 맥아더의 자녀를 위한 간구는 자녀가 여호와께 복을 받는 사람으로 성장하도록 하는 것이었다. 그는 자녀를 하나님의 사람으로 키우는 것에 부모의 가치를 두었다.

-"내 아들아 네 아비의 훈계를 들으며 네 어미의 법을 떠나지 말라 이는 네 머리의 아름다운 관이요 네 목의 금 사슬이니라" (잠 1:8~9)

잠언의 기자는 자기의 아들에게 아비의 훈계를 들으라고 권면하였다. 그리고 어미의 법을 지키라고 하였다. 부모는 누구인가? 자녀를 훈계하며, 그에게 법을 주는 자이다. 이것은 하나님께서 그에게 주신 권리이면서 의무이다.

-당신은 자녀에게 훈계하고 있는가? 자녀에게 지키고 따르도록 법을 가르치고 있는가?

자녀의 양육은 부모에게 맡겨진 일이다. 부모는 '아비의 훈계'와 '어미의 법'으로 자녀를 양육해야 한다. 그것은 곧 여호와를 경외하며 살라는 가르침이다. 부모로부터 훈계를 받고, 법을 배우는 자녀는 복되다.

아버지에게는 가족의 부양과 자녀를 양육함에 대한 책임이 있다. 맥아더는 자녀를 믿음의 사람이 되도록 하는 것에 아버지의 의미를 두었다. 그리하여 자녀가 여호와의 인정을 받으면, 아버지로서 헛된 인생을 살지 않았노라고 고백하겠다고 하였다.

그는 자신의 아들 앞에서 진심으로 간구하였다. 자녀가 하나님의 사람으로 세워지도록 축복하자. 부모에게 또 다른 이름이 붙여진다면 어떤 형용사를 원하겠는가? 자녀를 위하여 기도하는 부모였다는 이름을 붙이도록 하자.

하나님 아버지,

이제까지 크리스천으로 살아오게 하셨음에 감사합니다.

오늘, 사도 요한의 권면을 받아 저희들 자신에게 은혜로 삼게 하시옵소서.

"아무도 너희를 미혹하지 못하게 하라"는 말씀은 전해 받은 복음 이외의 것을 가지고 미혹하는 자들을 멀리하며, 거절할 것을 권면하였다고 깨닫습니다. 오직 성경의 말씀을 교훈으로 삼게 하시옵소서. 진리를 가르친다 하여 떠벌리는 거짓 종들, 거짓 신자들을 주의하게 하시옵소서. 하나님의 영화로우심을 구하지 않고, 자기의 만족을 구하는 자들을 멀리하게 하시옵소서.

저희들 주변에는 예수님을 믿는다고 하면서 자기의 영화를 구하는, 이른바 '예수 팔이'들이 얼마나 많은지요. "의를 행하는 자는 그의 의로우심과 같이 의롭고." 그리스도 안에서 의롭게 된 자라면 자신의 행실에서 주님의 의로움을 행위로 보여 주어야 함을 의미한다고 여깁니다. 사실, 누가 의로움을 나타낼 수 있습니까?

인간은 죄의 본성을 갖고 있어서 하나님께 의로울 수 없음을 고백합니다. 오직 주님께 초점을 맞추어 지내게 하시옵소서.

인생을 주관하시는 하나님,

저의 기도와 사랑으로 _____(이)를 자라게 하셨음에 감사드립니다. 부모로서 _____가 여호와 앞에서 복되게 살아가기를 원합니다. 사랑하는 _____가 맥아더의 자녀처럼 경건하게 성장하기를 소망하여 기도의 무릎을 꿇었사오니, 성령님의 충만하심이 _____에게 있게 하시옵소서. 성령님의 인도하심에 따라 자신을 내어 맡겨서 하나님의 자녀로 살아가는 은혜를 주시옵소서.

맥아더가 자녀를 위하여 기도하는 중에, 헛된 인생을 살지 않은 아버지가 되려 했던 소원을 제게도 주시옵소서. _____(이)를 천국 일꾼으로 자라도록 도와 부모의 사명을 감당하는 자가 되게 하시옵소서.

이 시간에, _____(이)의 소원이 하나님을 영화롭게 해 드리는 인생이 되는 것임을 깨닫기 원합니다. 저 자신이 _____에게 본이 되어 도전이 되게 하시옵소서.

여호와 우리의 주 하나님,

오늘, _____에게 여호와이신 것에 감사합니다. 여호와로 말미암은 은총을 누리며 한 날을 지내게 하시옵소서. 그리하여 하나님께로부터 선물로 받은 오늘을 거룩하게 사는 은혜를 주시옵소서. 그의 생각과 말이 하나님이 받으실 만한 향기가 되게 하시옵소서.

이 좋은 날에, _____(이)의 생활에서 맺어지는 열매가 하나님께 받으실 만한 예물이 되게 하시옵소서. 친구들에게 친절하고, 주님의 사랑을 나타내며, 복음의 빛을 드러내게 하시옵소서.
예수님의 이름으로 기도드립니다. 아멘.

31일 고백할 것이 있는 아버지

**창 17:7,
내가 내 언약을 나와 너 및 네 대대 후손 사이에 세워서 영원한 언약을 삼고 너와 네 후손의 하나님이 되리라**

맥아더는 자녀가 하나님의 사람으로 자라도록 기도함으로써 여호와 앞에서 아버지로서의 자신의 사명을 감당하기 원하였다. 그가 아들을 위해 기도한다는 것은 실제로 아들이 크리스천이 되도록 키웠다는 것을 증명한다.

맥아더는 자신이 경험을 했던 대로, 아들에게 아버지의 의미는 하나님께 드림이라고 여겼다. 아들을 하나님께 드림이다. 아버지 아브라함이 자신의 아들 이삭을 하나님께 드림으로써, 이삭은 자신이 하나님께 드려진 존재라는 것을 깨달았고, '드려진 자'로 살아갔을 것이다. 여기에 아비의 의미가 있지 않을까!

부모에게는 경건한 자손을 보아야 할 거룩한 책임이 있다. 하나님께서는 그를 사용하여 경건한 후손이 있도록 하여 이 땅에서 의인의 역사를 이어가게 하신다.

"이제 후로는 나를 위하여 의의 면류관이 예비되었으므로 주 곧 의로우신 재판장이 그날에 내게 주실 것이며 내게만 아니라 주의 나타나심을 사모하는 모든 자에게 도니라"(딤후 4:7)

하나님은 인생에게서 경건한 자손 얻기를 원하신다. 하나님께는 인생의 존재를 여럿 만드실 수 있으셨다.

사람이라는 존재로 성립시킬 영을 얼마든지 창조하시려면 창조하실 수 있으셨다는 것이다. 그렇지만 처음에 일남 일녀를 지어 서로 합하여 하나 되게 하셨다 그렇지만 남자와 여자 곧 하나만을 지으신 것은 그들에게서 경건한 자손을 얻으려 하심이라고 하셨다. 일남 일녀가 한 몸을 이루는 데 있어서 형식뿐 아니라 그 내용에 있어서 화합하여 일치함이 참될수록, 거기서 나는 자손이 경건하다는 것이다.

사람이 경건해서 하나님을 경외하여 섬기며, 하나님께서 주신 말씀(율례와 법도)을 사랑하여 순종하는 삶은 피조물로서의 인간의 본분이다. 이와 같은 삶은 하나님을 창조주로 인정한다는 것이 된다. 자녀가 자신의 인생에 대하여 생각하게 될 때, 하나님을 섬기지 않으면 '내 인생은 나의 것'이라는 어리석은 주장을 하게 된다.

하나님께서 의인에게 자손을 주시는 의미는 무엇인가?

바로 경건한 자손을 얻도록 하심이다. 부모의 삶을 이어서 자녀가 하나님께 드려진 삶을 취하게 될 때, 그 가문에 경건함이 이어진다. 이로써 하나님을 영화롭게 해 드리는 자손이 되는 것이다. 맥아더는 자신의 아들이 경건한 사람이 되도록 자기 자신이 경건함에 주목하였다. 맥아더의 기도를 통해서 우리가 얻어야 될 것이 있는데, 부모의 사명을 깨달음이다. 아버지로서 우리의 사명은 거룩한 후손의 가계를 이어가도록 하는 것이다.

하나님 아버지,

맥아더의 삶을 통해서 자녀를 위하여 기도해 오게 하셨음에 감사합니다. 맥아더에게 자녀를 위하여 간구하도록 하셨던 영으로 저에게 주신 자녀를 사랑하게 하셨음에 영광을 드립니다.

하나님께서 아브라함과 체결하신 언약은 아브라함뿐만 아니라 그의 후손들에게까지 영원히 미치도록 하셨습니다.

그에게 주셨던 언약은 영원한 약속으로서 혈통적으로 그의 직계 자손에게만 적용되지 않음을 생각합니다.

영적으로 하나님께서 택한 자녀로 삼으신 모든 인간들에게도 공식적으로 적용된다는 것을 믿음으로 받습니다. 하나님은 저에게도 아브라함의 후손에게 약속하신 언약을 받게 하셨음을 확신합니다. 그리고 저희 자녀도 그 언약에 들어감을 믿습니다.

"너와 네 후손의 하나님이 되리라." 아멘. 진실로 하나님께서는 자신과 언약을 맺은 자들에게 은혜로 많은 은사를 주실뿐 아니라 마침내 자신까지도 내어주심을 믿습니다.

인애하신 하나님,

오늘도 여호와께서 _____(이)의 편에 계심을 축복합니다.

_____가 오늘을 지내면서 자신의 도움이 천지를 지으신 여호와의 이름에 있음을 고백하게 하시옵소서.

사랑하는 _____에게 오늘이 복된 날이 되어서 성령님의 인도에 동행하게 하시옵소서.

맥아더의 마음을 품고 중보하는 부모의 심정을 헤아리는 은혜를 깨닫게 하시옵소서. 이 한 날도 그에게 부모의 신앙을 붙잡고 믿음에서 믿음으로 이르는 삶을 살도록 인도해 주시옵소서.

그리고 자신의 소망을 여호와께 두고 주를 바라보는 은혜를 주시옵소서. 어려서부터 성경을 가까이하며 지내게 하셨음에 감사 드립니다.

어려서부터 부모와 교회에 출석하게 하셨음을 즐거워합니다.

이제, _____를 통해서 감사의 고백을 할 수 있는 부모가 되게 하시옵소서. 여호와 앞에서 자녀 양육의 청지기로 살게 하신 영광에 감사드리는 마음을 주시옵소서.

기도하게 하시는 하나님,

주 안에서 _____가 자신의 인생에게 하나님의 말씀을 즐거워하며 빛 가운데로 걸어가게 하시옵소서. 가정에서 시작되는 성도의 삶으로 하루를 온전히 살게 하시옵소서. 이로써 오늘도 하나님의 도우심으로 형통함을 보게 하시옵소서.

여호와께로부터 복을 받은 _____(이)를 위해서 축복으로 간구하게 하셨음에 감사드립니다. 하나님의 자녀가 그의 인생이 복 되기를 원하게 하사 맥아더를 따라 간구하게 하셨습니다. 지난 시간 동안에 그를 위하여 부르짖게 하시고, 사랑을 더하게 하셨음을 감사드립니다.

예수님의 이름으로 기도드립니다. 아멘.

- 참고 문헌

이바울, 무릎으로 승리한 맥아더, 예찬사, 2010.
Michael Schaller, Douglas Macarthur: the Far Eastern general, 유강은 옮김, 더글러스 맥아더, 이매진, 2004.
김성안, 나의 자녀를 축복하라-실천편, 퍼플, 2018.
김학성, 자녀를 사랑합니까? 좋아합니까?, 쿰란출판사, 2018.
김항안, 부모가 자녀를 위해 꼭 해야 할 63가지, 글로리아, 2015.
류옥경, 자녀를 위대하게 키우는 법, 미디스북스, 2020
손성수, 자녀를 위대하게 키우려면 사랑으로 코칭하라, 살림, 2008.
신형섭, 자녀 마음에 하나님을 새기라, 두란노서원, 2020.
이대희, 자녀를 살리는 말씀기도문 40일, 북스원, 2015.
이호재, 자녀를 변화와 성장으로 이끄는 것은 무엇인가, 북랩, 2019.
전성은, 왜 부모는 자녀를 불행하게 만드는가, 메데치미디어, 2019.
전혜성, 섬기는 부모가 자녀를 큰사람으로 키운다, 랜덤하우스코리아, 2006.
차영회, 자녀를 살리는 부모기도, 비전북, 2019.
현용수, 부모여 자녀를 제자 삼아라 1, 2, 쉐마, 2007, 2005.
Andrew Murray, The Believer's Secret of the Master's Indwelling, 박이경 옮김, 나를 허물고 주님을 세우는 삶, 아가페출판사, 2004.

Betty Shannon Cloyd, Chridren and Prayer: A Shared Pilgrimage, 허세림 옮김, 하루에 한 번 기도하는 자녀로 키우라, 도서출판 두란노, 1998.

LeRoy Eims, What Every Christian Should Know About Growing, 그리스도인 성장의 열쇠, 네비게이토출판사, 2000.

Lewis S. Chafer, He That is Spiritual, 최치남 옮김, 신령한 사람, 생명의말씀사, 1985.

Rolf Garborg, (The)family blessing, 이기승 옮김, 하루에 한번 자녀를 축복하라, 두란노, 2011.

Thetus Tenney, Tommy Tenney, How to Be a God Chaser and a Kid Chaser, 김애정 옮김, 자녀를 안고 하나님께 안기다, 토기장이, 2007.

William R. Manchester, American Caesar, Douglas Macarthur, 맥아더 1, 2, 박광호 옮김, 미래사. 2016.

**맥아더의 기도로
자녀를 축복하는 기도문**

초판1쇄 2022년 5월 2일

지 은 이 : 한치호
발 행 인 : 민태근
발 행 처 : 일오삼출판사
등록번호 : 제5-485호
주   소 : 서울시 중랑구 동일로107길 12
전   화 : 02) 964-6993
팩   스 : 02) 2208-0153
이 메 일 : 153books@hanmail.net
정가 : 8,000원
ISBN 978-89-89236-00-9

* 이 책에 인용된 성경은 (개역개정)을 사용하였습니다.
* 이 책의 저작권은 저자가 소유하고 있습니다. 저자와 출판사의 사전 승인없이 책의 내용이나 표지등을 복제 인용할수 없습니다.
* 파본은 교환해 드립니다.